KB119810

세상에서 가장 쉬운

패권 쟁탈의
세계사

세상에서 가장 쉬운

패권 쟁탈의
세계사

육지, 바다, 하늘을
지배한 힘의 연대기

미야자키 마사카쓰 지음 | 박연정 옮김

위즈덤하우스

차 례

문명의 탄생

Ⅰ 육지의 역사

건조지대 → 습윤지대

약 1만년 전	건조지대의 요르단에서 보리의 재배가 시작되다
기원전 3000년	4대 문명의 탄생
기원전 550년	페르시아 제국이 3대 문명 통합
기원전 330년	알렉산드로스 대왕이 페르시아 제국을 정복한다
기원전 3세기	진나라가 동아시아의 건조지대에 제국 수립
기원전 2세기	동아시아의 건조지대에서 한나라와 유목민 흉노 제국이 다투다
기원전 1세기	로마가 지중해에 세계 최초의 해양 제국을 건설
4세기	비잔틴 제국과 사산조 페르시아가 대립 (~7세기)
4~6세기	5호의 침입→중국의 건조지대를 유목민이 지배
7세기	아랍 유목민의 이슬람 제국 성립
8세기	아바스 왕조가 유라시아의 건조지대에 거대한 상업권을 형성
10세기	인도양과 벵골만, 남중국해에서 상업이 발흥→아시아의 대항해시대
11세기	강남을 중심으로 송 건국→중국 경제의 중심이 습윤지대로 이동하다
	유럽의 중세 농업혁명
	튀르크인의 이슬람 제국 지배 (셀주크 왕조)

제1의 전환기

제2의 전환기

대항해시대
(15세기 후반~)

제1차 세계대전
(20세기 전반)

 III 하늘의 역사

II 바다의 역사

13세기	15세기	16세기	17세기	18세기	19세기	1869년	1903년	1914년	20세기 후반	20세기 말

13세기 — 몽골제국이 유라시아의 건조지대를 통일

15세기 — 대항해시대에 접어들어 바다의 세계가 발견된다

16세기 — 사탕수수를 중심으로 플랜테이션이 확대된다

17세기 — 신대륙의 은이 전 세계에서 유통된다
— 바이킹의 후예가 지중해 세력을 계승, 세계의 바다를 주도한다
— 네덜란드가 해운국으로 각지에 진출→자본주의 경제의 발달

18세기 — 네덜란드에서 영국으로 패권이 이동한다
— 영국에서 산업혁명이 일어난다

19세기 — 대서양혁명→대서양에 국민국가체제 성립
— 유럽과 미국에서 철도 부설 급성장→제2차 산업혁명
— 남북전쟁으로 미국이 재편되고 경제가 폭발적으로 성장

1869년 — 수에즈 운하가 개통되고 증기선과 전신의 시대가 열리다

1903년 — 파나마 운하 개통, 라이트 형제의 첫 비행

1914년 — 제1차 세계대전 후 비행기가 군사적으로 이용되고 전후에 민간에서 이용된다

20세기 후반 — 미국이 하늘의 패권을 확립, 제트기의 보급

20세기 말 — 인터넷으로 하늘의 전자공간이 지구를 뒤덮다

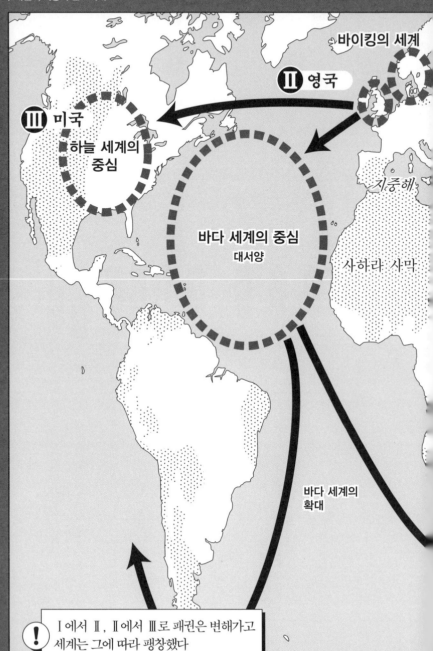

바이킹의 세계

Ⅱ 영국

Ⅲ 미국
하늘 세계의
중심

지중해

바다 세계의 중심
대서양

사하라 사막

바다 세계의
확대

! Ⅰ에서 Ⅱ, Ⅱ에서 Ⅲ로 패권은 변해가고
세계는 그에 따라 팽창했다

육지 세계의 중심
유라시아의 건조지대

I 몽골

대지구대
(인류가 진화한 지역)

건조지대

육지, 바다, 하늘과 패권의 변화

1
육지에서 바다로,
바다에서 하늘로 패권은 이동했다

서로 떼려야 뗄 수 없는 육지와 바다

우리는 지구상의 육지, 바다, 하늘이라는 공간에서 생활하고 있다. 먼저 바다와 지구 대기가 순환하면서 육지의 생활을 지탱하고 있음을 '물의 순환'으로 설명해 육지와 바다, 하늘의 관계를 전체적으로 상상하고자 한다.

지표면의 70퍼센트는 바다다. 남아도는 게 물이지만, 세계사의 대부분은 사막·초원과 같은 바싹 마른 땅(건조지대)에서 펼쳐졌다.

그 이유를 간단히 말하면 지구상의 물은 97.5퍼센트가 바닷물이고 담수는 고작 2.5퍼센트뿐이기 때문이다.

바닷물은 마실 수도 없고, 보리나 쌀도 재배할 수 없다. 하지만 식수도 농업용수도 바닷물이 증발한 담수로, 그 근원은 바다다. 적도 부근에서 대량으로 증발한 바닷물은 지구 전체를 순환한다. 매일 배달되는 '물의 택배'라고 해도 좋다.

적도 지역은 일 년 내내 기온이 높아서 바닷물이 증발해 커다란 적란운이 계속해서 발생한다. 적란운은 상승하는 과정에서 비를 뿌리면서 지구 자전에 따라 이동하고, 바싹 메마른 공기가 연중 북위 30도(북회귀선) 부근으로 내려온다.

그 결과 유라시아에는 띠 모양의 넓은 건조지대가 만들어졌고, 그 메마른 대지가 세계사의 주요 무대가 되었다. 이렇듯 바다가 없었다면 육지의 세계사는 이루어지지 않았다.

인류는 이러한 물의 순환을 아주 최근까지 이미지화하지 못했다. 그러나 지금은 다르다. 기상 위성을 통해 지구규모地球規模에서 구름의 이동이 가시화되고, 인터넷 홈페이지에서 대기의 대규모 순환을 실시간으로 확인할 수 있게 되었다. 우리는 '마법의 거울'로 지구상 물의 이동을 확인할 수 있는 대마술사가 되었다! 세계를 전체적으로 살펴보게 되면서 그와 함께 세계사를 파악하는 방법도 변화했다.

건조지대에서 시작된 역사

세계사는 대부분 유라시아의 동서로 긴 띠 모양의 건조지대에서 전개되어왔다. 그 역사는 상상하기 힘들 정도로 길다.

그렇다면 어떻게 조건이 좋지 않은 건조한 환경에서 역사가 펼쳐졌을까.

인류는 동아프리카의 대지구대(그레이트 리프트 밸리)에서 탄생해 진화했다. 그 땅에서 직립이족보행을 시작한 유인원이 진화해 호모사피엔스가 탄생했다. 그런데 빙하기가 찾아오는 바람에 호모사피엔스의 생활 조건은 계속 악화되었고 그들은 이주할 수밖에 없었다. 호모사피엔스가 대지구대를 벗어나 동쪽으로 이동해 도착한 곳은 메마른 건조지대였다.

오래전 나는 《바람이 바꾼 세계사: 몬순·편서풍·사막風が變えた世界史—モンスーン·偏西風·沙漠》라는 책에서 그 과정을 다루었다. 동아프리카의 대지구대도 기본적으로는 건조지대였지만, 이주한 곳은 환경이 더 열악했다. 호모사피엔스는 인접한 북아프리카, 지중해, 서아시아, 중앙아시아, 황하 중류 유역에 이르는 유라시아의 건조지대, 즉 대건조지대에서 건조함과 굶주림에 시달리며 긴 역사를 시작했다.

건조지대를 기준으로 하면 인류의 역사는 요르단에서 보리 재배가 시작된 지 약 1만 년, 큰 강 유역에 여러 문명이 탄생한 이후부터 약 5,000년이다. 페르시아 제국 성립 후 약 2,500년, 이슬람 제국 성립 후 약 1,350년, 몽골 제국 성립 후 약 800년이기도 하다.

건조지대의 역사는 건조함과 그에 따른 굶주림과의 싸움, 물과 식량을 둘러싼 다툼을 내포하면서 중동·중앙아시아·중국·인도·러시아 일부에서 현재도 계속되고 있다. 이러한 건조지대의 역사도 크게 보면 하나의 흐름으로 파악할 수 있다.

건조지대의 역사는 약 3,000년경 전부터 생산력이 증가하면서 온대 습윤지대로 점차 확대되었다.

동아시아에서는 4~5세기에 습윤지대에 대한 개발이 급속하게 진행되었고, 일본도 그 시기에 본격적으로 농업화가 이루어졌다. 습윤지대인 일본의 역사는 11세기경(십자군시대)에 중세 농업혁명으로 본격적인 개발이 이루어진 유럽보다도 오래되었다.

중국을 이해하기 힘든 이유는 사실 '국가'가 아니라 지구 인구 중 5분의 1을 차지하는 '세계'라는 점이다. 그 원인은 건조지대의 농민과 유목민, 습윤지대의 농민, 근·현대의 상업 사회에서 태어난 도시민 등 복잡한 조합으로 구성된 사회의 다중성에 있다.

15세기에 발견된 넓고 큰 바다

지표면의 70퍼센트를 차지하는 바다가 대륙을 섬처럼 연결하게 된 것은 아주 최근의 일이다. 그러나 바다에는 고대 해양민인 폴리네시아인의 장대한 역사가 있다.

폴리네시아인은 기원전 천수백 년경에 동남아시아에서 섬을 따라 동태평양으로 이주해 9세기까지 '폴리네시아 삼각형[하와이 제도, 뉴질랜드, 이스터 섬을 잇는 삼각지대-옮긴이 주]'이라 불리는 넓은 거주권을 형성했다.

이들은 아우트리거(전복을 막기 위한 물에 뜨는 장치)를 붙인 범선으로 별, 바람, 해류를 이용해 장대한 항해를 하고, 1000년경까지 지표면의

3분의 1을 차지하는 태평양에 해양 세계를 이룩했다. 그 세계는 하와이 제도, 뉴질랜드, 칠레의 이스터섬을 세 점으로 하는 삼각형의 해역으로, 지금도 뉴질랜드 원주민 마오리족의 말이 하와이에서 그대로 통한다는 점은 굉장하다.

그렇지만 폴리네시아인의 대항해는 세계사를 육지의 시대에서 바다의 시대로 전환시킬 정도는 아니었다. 폴리네시아인의 해양 세계는 고립되어 세계사의 주류인 건조지대의 역사와 연결되지 않았기 때문이다.

8세기에는 아바스 왕조가 인도양을 세계사에 편입시키는데(아시아의 대항해시대), 이는 육지의 이슬람 제국이 바다를 종속시킨 사건으로 평가된다. 그럼에도 바다를 중심으로 세계사가 재편된 것은 아니었다.

그런 점에서 15세기 중반에 시작된 대항해시대는 달랐다. 유라시아와 떨어져 있는 대서양이 유럽을 매개로 유라시아와 연결되었기 때문이다. 대서양이 개발되면서 유라시아보다 현격히 넓은 대양이라는 공간의 존재가 드러나 바다를 중심으로 세계를 재편성하는 움직임이 시작되었다. 제1단계는 이베리아반도(포르투갈, 스페인), 제2단계는 혹한의 북해(바이킹의 후예인 네덜란드, 영국)가 주도했다.

콜럼버스Christopher Columbus가 탐험을 위해 항해를 거듭하며 생긴 지구의 이미지는 코페르니쿠스Nicolaus Copernicus와 같은 학자들에 의해 이론화된다. 지표면의 대부분은 바다이고, 그때까지 유일한 세계로 여겨지던 유라시아가 사실 커다란 섬에 지나지 않는다는 인식이 유럽에 퍼졌다. 유럽인은 대서양을 매개로 지구규모의 세계

상을 얻었다.

바다가 육지를 정복하는 시대

바다를 중심으로 육지 세계를 재편하는 작업은 17~18세기에 준비 과정을 거쳐 19세기에 통합적으로 이루어졌다. 5,000년인 육지의 세계사 관점으로 보면 이행기를 포함해도 500년인 바다의 세계사 는 상당히 짧고 신선하다.

바다가 육지를 제패하는 때는 19세기 후반 메이지 유신에서 20세기 초 러일전쟁(1904)에 이르는 시기다. 이때는 대형 철제 선박의 대량 생산과 육지를 잇는 증기선 항로의 보급으로 가능했다. 영국은 이러한 흐름을 형성하고 패권을 장악했다.

바다가 여러 대륙을 결합하는 시기에 세계가 성립되었다고 보면 세계사는 매우 간단해진다.

17세기 이후 바다가 육지를 연결하는 세계로 전환하는 데 공헌한 나라는 북해 주변의 작은 나라인 네덜란드와 영국이다. 네덜란드와 영국에서는 16세기인 종교개혁 시기에 노동과 금욕을 중시하는 칼뱅주의(칼뱅의 사상)가 성장해 교황이 지배하는 가톨릭 신앙의 유럽에서 벗어나 '제2의 유럽'을 만들고, 상업과 수공업에서 우세를 보였다.

즉, 유럽의 중심이 전통적인 지중해 주변에서 북해 주변으로 옮겨갔다. 원래 약소국이었던 네덜란드와 영국은 탁월한 지구관, 항해기술, 사회관·가치관으로 그들이 바라는 대로 세계를 재편성했다.

독일의 법학자 카를 슈미트Carl Schmitt는《땅과 바다Land und Meer》에서 대항해시대를 인류 역사상 가장 중요한 '공간혁명'이 일어난 시대라고 지적했다. 넓은 바다가 시야에 들어오자 유일하다고 생각했던 유라시아의 육지 세계가 여러 섬 중 하나로 파악되었다.

영 제국, 서유럽 우위의 세계를 만들다

메이지 유신에서 청일전쟁(1894)과 러일전쟁에 이르는 19세기 후반은 세계사가 육지의 시대에서 바다의 시대로 크게 전환되는 시기다. 증기선 네트워크의 지구화와 해저 케이블을 이용한 전신의 보급이 그 토대가 되었다.

운 좋게도 19세기의 세계화가 호재로 작용한 영국은 바다의 패권을 장악함과 동시에 세계 육지의 4분의 1을 지배하고, 제1차 세계대전(1914~18)이 시작되기 전에는 세계 주식의 절반을 소유하기에 이르렀다.

18세기 후반부터 19세기 초반은 산업혁명과 시민혁명이 동시에 일어난 시대이지만, 대서양 주변에서는 미국 독립전쟁, 프랑스 혁명, 나폴레옹 전쟁, 라틴 아메리카의 독립('대서양혁명'이라고 통칭한다)이 연달아 일어나고 유럽과 아메리카 대륙의 일체화가 진행된다.

대서양을 사이에 둔 유럽과 신대륙이 연동하면서 변화해 정치적으로는 국민국가(근대국가)의 체제, 경제적으로는 자본주의 경제가 복합된 대서양 세계(근대 세계)가 형성되었다. 바다 세계는 먼저 대서양 주변에 모습을 드러내고 영국이 이를 아시아, 아프리카로 확장하는 형태로 나타난다.

19세기 중반이 되면 유라시아의 건조지대에서 이미 전성기가 지난 여러 제국(오스만 제국 등)이 잇따라 무너지고, 영국을 선두로 한 유럽 여러 나라가 극적으로 세계를 제패한다. 결과적으로 유럽에 종속된 넓은 식민지가 출현한다. 패권국인 영국의 주도로 대규모 전환이 이루어진다.

기존의 시스템을 무너뜨리고 새로운 구조를 만드는 엄청난 변화가 단기간에 일어난 이유에 대해서는 다음과 같은 이유를 들 수 있다.

① 오스만 제국, 무굴 제국, 청나라 내부의 모순이 분출되어 급속하게 약화
   된 점
② 유럽에서 일어난 산업혁명과 철도 건설 러시
③ 1870년대 이후 '제2차 산업혁명'에 따른 강철의 출현과 기계 공업의 발흥
④ 총과 같은 화기의 혁신
⑤ 아프리카의 분할
⑥ 증기선 시대로 이행
⑦ 해저 케이블을 설치해 전신 보급

육지의 패권이 크게 무너지는 한편, 영국이 바다를 중심으로 육지를 통합하는 새로운 세계 질서를 확립했다. 카를 슈미트는 "영국

의 수도를 인도로 옮겨도 좋다"는 영국의 수상 벤저민 디즈레일리 Benjamin Disraeli의 발언을 상징적인 것으로 파악하고, 영토에 구애받지 않고 세계 경쟁을 우선시하는 바다의 제국 영국의 자세를 웅변적으로 보여준다고 지적한다.

20세기 이후 하늘의 패권을 장악한 미국

20세기가 되면 1870년대 제2차 산업혁명 이후 중화학 공업이 성장하고 그 영향으로 무기가 장족의 진보를 이루며 전쟁이 막대한 자금이 필요한 총력전으로 전환된다. 제1차 세계대전에서 급속하게 보급되어 하늘에서 육지와 바다를 공격하는 항공 무기가 출현한 것은 이러한 변화를 상징한다.

유럽에서 벌어진 제1차 세계대전, 전 세계적으로 전개된 제2차 세계대전으로 유라시아에서는 육지의 여러 제국이 멸망하고 유럽도 몰락한다. 구체적으로는 신흥 세력인 독일과 일본이 폐허가 되고, 소련도 독소전쟁으로 황폐해졌다. 19세기 후반에 세계를 지배한 영 제국도 몰락했다. 이에 따라 패권은 신대륙의 미국으로 옮겨간다. 신대륙의 초보 국가가 단번에 패권국으로서 세계를 혼자서 책임지고 관리하게 되었다.

전후 미국과 소련의 냉전(세계의 분할 경제)은 미국이 패권을 강화하는 구실이 되었다. 미국은 세계의 패권을 바다에서 하늘로, 유라시아에서 신대륙(아메리카 대륙)으로 이동시켰다.

1971년 닉슨 쇼크[미국의 닉슨 대통령이 달러와 금의 교환 정지를 포함한 경제 정책을 발표하여 세계 경제가 받은 충격—옮긴이 주]로 달러의 허세(미국의 금 부족)가 밝혀지면서 패권이 흔들리자 미국은 인터넷을 통해 전 세계적인 가상 공간, IT기술, 경제의 금융화를 구상하고 본격적으로 하늘 패권을 재편하는 일에 착수했다. 핵심은 IT기업을 통해 전 세계적인 플랫폼을 형성하는 것이다.

패권에 대항할 것 같은 고도 경제 성장기의 일본, 유럽연합EU, 아시아 여러 지역을 물리치고 예상 밖의 모습으로 패권은 재편되고 있다.

그러나 세계 인구의 5분의 1을 차지하는 중국이 미국 기업의 진출을 역으로 이용해 힘을 모아 바이두, 알리바바, 텐센트 등의 기업이 급속하게 거대한 플랫폼으로 성장하고 있다. 중국의 국가 주석 시진핑은 '중국제조 2025'를 발표하고, 건국 100주년을 맞는 2049년까지 세계적으로 선진 공업 부분을 제패한다는 화려한 불꽃을 쏘아 올렸다. 지금은 독자적으로 세계를 확대하고 있는 중국과 현재의 패권국 미국 사이에서 끝이 보이지 않는 패권 다툼이 시작되었다.

2
육지와 바다의 이미지를
크게 파악하다

바다의 면적은 7, 육지의 면적은 3

역사와 지리는 밀접한 관계다. 육지, 바다, 하늘에서 세계사를 살펴보려면 먼저 지구의 모습을 그려봐야 한다.

그럼 간단하게 지구의 지리에 대한 지식을 복습해보자.

초등학교나 중학교에서 배웠겠지만, 세계는 3대양(인도양, 대서양, 태평양)과 6대주(유라시아, 아프리카, 북아메리카, 남아메리카, 오스트레일리아, 남극 대륙[국내 교과 과정에서는 아시아, 유럽, 아프리카, 북아메리카, 남아메리카, 오세아니아로 나온다―옮긴이 주])으로 이루어져 있고, 대략 바다의 면적이 7, 육지의 면적이 3의 비율이다.

북반구와 남반구에서는 육지의 비율이 크게 다르다. 북반구는 육지의 면적이 40퍼센트인데 비해서 남반구는 육지의 면적이 20퍼센트에도 못 미친다. 남반구는 '바다의 반구'로, 세계사의 중심이 된 유라시아의 건조지대에서 멀리 떨어져 있기도 해서 개발이 늦었다. 인구 비율을 보면, 북반구가 92퍼센트이고 남반구는 겨우 8퍼센트일 뿐이다.

세계의 육지는 건조지대(사막, 초원)가 48퍼센트, 습윤지대가 38퍼센트, 냉대 기후 지역(냉대, 아한대)이 14퍼센트의 비율로 구성되어 있다. 사막은 연간 강수량이 250밀리미터 이하, 초원은 500밀리미터 이하인 지역을 말한다.

건조지대와 냉대 기후 지역의 힘

유라시아 대륙은 북쪽부터 냉대 기후 지역, 건조지대, 습윤지대가 동서로 뻗은 띠 모양을 이루고 있다. 그중 세계사와 관계가 깊은 지역이 사하라 사막에서 서아시아, 중앙아시아, 중국 북부에 이르는 건조지대(유라시아의 대건조지대)다. 지중해도 건조지대에 속하는 '건조한 바다'라고 할 수 있다.

유라시아 남부에 위치한 몬순(계절풍)의 영향이 강한 다우 지역(습윤지대)은 쌀을 재배하는 지역이다. 쌀은 보리와 비교해서 몇 배에서 몇십 배 더 많은 수확이 가능하다. 이 지역에서 넓은 범위로 다른 지역을 침략하는 일이 적었던 이유는 기마 기술이 발달하지 않았기 때문이다.

냉대 기후 지역은 가장 추운 달의 평균 기온이 영하 3도 미만, 가장 따뜻한 달의 평균 기온이 영상 10도 이하다. 북유럽, 러시아, 시베리아, 캐나다와 같이 유라시아와 북아메리카 대륙 북쪽에 걸쳐 펼쳐진다. 이 지역에서는 북해, 발트해 주변의 바이킹이 주도적인 역할을 담당했다.

추위에 따른 자원의 부족함은 상인인 바이킹을 움직이는 원동력이 되었다. 이를 증명이라도 하듯이 스웨덴 바이킹은 러시아의 건국에 영향을 미쳤고, 북해 주변의 네덜란드와 영국은 세계 자본주의 경제의 발흥을 이끌었다. 육지에서 바다로 세계사가 전환되는 것도 네덜란드, 영국이 주도했다.

3
세 가지 패권을
공간의 속성으로 비교하다

패권이란 무엇인가

마지막으로 이 책의 제목에도 등장하는 패권이 육지에서 바다, 하늘로 이행하는 과정을 다시 살펴보자. 패권은 영어로 헤게모니 hegemony이지만, 원래는 그리스어로 페르시아에 대항한 그리스 도시 동맹을 이끈 아테네 지도자의 권위를 가리켰다.

패권은 강력한 군사력과 경제력, 풍부한 천연자원을 보유해 다른 나라를 압도하는 나라의 지위라고 정의하지만, 그뿐 아니라 스스로 지배하는 구조의 체제를 형성·유지·주도할 책임을 가진 나라라는 의미도 더해지는 것이 일반적이다. 즉, 육지, 바다, 하늘로 세계가 변화하는 가운데 각 세계의 형성을 주도하고 구조를 유지하고 질서의 중심축에 위치해 있는 나라가 패권 세력이다. 육지, 바다, 하늘의 순서에 따라 패권의 모습에는 차이가 나타났다.

　육지 세계는 한마디로 말하면 부족(혈연집단)이 유라시아 각지에 갈라져서 존재하는 세계였다. 따라서 패권은 유력한 부족들이 계층적으로 결합해 유지되었고, 광범위한 전쟁을 피하는 한편, 곡물이 안정적으로 순환되기를 기대했다. 패권을 장악한 부족이 왕조를 형성하는 모습이지만, 실제로는 부족의 연합이다.

　패권 그 자체는 강력한 군사력(대륙 이용 능력)에서 얻을 수 있지만, 그 후에는 부족들간의 평화 유지, 이해관계 조정, 원활한 곡물의 순환, 도로·수로망 유지 등으로 얻을 수 있었다.

　지표면의 70퍼센트를 차지하는 바다가 육지를 연결하는 시대가 되자 해군, 상선, 제해권, 식민지, 세력권 등 해양 이용 능력이 패권의 조건이 되었다. 왕조를 대신해 유럽의 국가 체제가 세계에 확산되었고, 해군력과 경제력을 가진 나라가 새롭게 패권을 잡았다. 19세기가 되면 패권국 영국이 세계의 대부분을 유럽의 식민지로 만드는 체제를 구축한다.

　그 후 제1차·제2차 세계대전이 일어나 유럽이 몰락하고 신대륙에서 미국이 항공기(제트기)와 인터넷을 통해 전 세계적으로 하늘의 패권을 잡고, 이를 유지한다.

육지, 바다, 하늘의 패권은 어떤 차이가 있을까

세계사에서 세 패권의 차이를 정리하면 다음과 같다.

① 육지의 패권(몽골 제국): 제1 유형

세계사에서 대부분을 차지하는 건조지대의 역사는 민족이 결합해 세계의 기초를 형성하고, 왕조의 흥망이 이어진다. 유력한 민족이 왕조를 건설해 평화를 유지하고 곡물 순환을 보장하는 대신, 민족 통합을 매개로 넓은 토지와 많은 사람을 지배했다.

왕조는 범위가 넓어져 제국이 되었다. 복잡하게 결합된 민족들은 강력한 민족이 등장해 자신들의 이익이 유지되고 확장되면 통합하고, 이익이 사라지면 해체했다. 이러한 점 때문에 패권은 불안정했다. 강력한 지도자, 혹은 강력한 민족이 나타나면 갑자기 대제국이 성립되지만, 지도자나 중심이 되는 민족이 힘을 잃으면 결속력이 약해져 제국은 사라진다.

육지의 역사는 매우 길어서 로마 제국, 이슬람 제국, 중화 제국 등 대제국이 반복적으로 출현했는데, 민족의 결합을 유라시아 규모로 확대한 최대 규모의 제국이 몽골 제국이다.

② 바다의 패권(영 제국): 제2 유형

바다가 대륙을 연결하게 된 시기는 아주 최근이다. 바다의 패권에는 해군, 상선단, 식민지 등으로 구성된 해양 이용 능력이 필요하고 자유무역, 국제 통화 시스템 등 국제경제의 무대를 유지하기 위해 패권국은 국가 간의 질서와 식민지 지배를 유지하고 강화했다.

패권국은 국제 규칙과 세력권을 확정했지만, 한편으로는 유럽 여러 나라에서 자본주의 경제가 성장할 수 있도록 세계를 재편성(육지에서 바다로)하는 과정을 주도했다. 저렴하게 해도를 제공하고 공해에 항로 규칙을 설정하는 등 바다를 충분히 활용할 수 있게 여러 가지 편의를 제공했다. 바다를 중심으로 한 세계 질서는 전 세계의 부를 유럽의 작은 나라에 집중시키는 시스템이었고, 아시아와 아프리카 등은 식민지가 되었다(식민지 체제). 패권국은 선두에서 여러 나라 사이의 이해관계를 조정하며 식민지를 유지했다.

③ 하늘의 패권(미국): 제3 유형

미국은 공군, 바다와 육지의 항공 병력을 통해 하늘의 패권을 확립했지만, 군사력의 근간은 해군과 육군이었다. 신흥국 미국의 패권은 북대서양조약기구NATO와 같은 군사동맹, 전 세계에 설치된 군사기지, 압도적인 군수산업을 통해 유지되었다. 두 차례의 세계대전으로 영국이 몰락하자 미국은 패권을 가져와 세계통화인 달러로 그 패권을 유지했다. 미국은 세계 경제에서 유일한 패자의 자리를 확보했다.

신흥국 미국은 하늘의 패권을 단기간에 형성하기 위해 영국을 모방하는 것부터 시작했다. 미국은 영국의 바다 패권을 그대로 이어받았다. 다만 식민지가 거의 없었던 미국은 19세기의 식민지 체제를 붕괴시키고 자국 기업이 진출하기 쉬운 190여 개국으로 구성된 하나의 세계(크고 작은 주로 구성된 미합중국이 모델이다)를 실현하고자 한다.

미국의 패권은 성립 이후 소련과의 냉전 과정에서 형태를 갖췄다. 그러나 1973년에 달러가 불환지폐가 되자, 1990년대 이후에는 인터넷과 IT기술을 활용해 가상전자공간에서 패권을 재편하고 있다. 그 주역이 GAFA(구글, 애플, 페이스북, 아마존)로 대표되는 거대 IT기업이다.

영국의 식민지였던 신대륙의 미국은 표면적으로는 식민지가 없는 공정한 세계, 인권 보장, 민주주의의 확산을 주장하며 국제연합UN, 국제통화기금IMF 등을 조직해 국제주의를 통해 패권을 유지하려고 노력해왔다. 그러나 도널드 트럼프Donald Trump 대통령은 '미국 제일주의(아메리카 퍼스트)'를 주장하며 노선을 변경해 냉전 이후 미국의 단독 승리로 알려진 패권체제G1가 불규칙하게 이동하고 있다.

　바다와 하늘의 패권에는 연속성이 있고, 기본적으로는 전 세계의 경제 구조 유지와 통상 확대를 담당했다. 구체적으로는 ①세계의 평화와 치안 유지, ②국제 수로·항공로의 유지, ③재산권 보호와 같은 법 정비, ④국제통상 제도의 운영, ⑤자유무역 체제의 유지, ⑥경기 조정, ⑦사람, 물자, 자본의 이동 보장, ⑧지구 환경 보전 등과 같이 다면적이다.

하늘의 패권 다툼은 현재 진행 중

패권을 장악한 강한 세력은 의외의 지역에서 예측하기 힘든 형태로 나타났다. 이 책에 등장하는 패권의 주역인 몽골, 영국, 미국은 기존에 부족함이 두드러진 지역에서 출현해 세계사의 새로운 흐름을 타고 패권을 주장했다. 누구도 세계의 패권을 장악할 수 있을 것이라고 생각하지 못했던 변경에서 이들 세력이 등장했다.

　지금까지 패권은 기존의 세계 질서가 무너지는 시기에 전쟁을 통해 확립할 수 있었다.

몽골 제국은 기마군단을 활용해 호라즘 왕조, 금, 키예프 공국, 아바스 왕조, 남송 등을 정복하고 패권을 확립했다.

영국은 우수한 해군력을 바탕으로 스페인·네덜란드·프랑스와 장기간에 걸친 전쟁, 아시아 여러 나라와의 전쟁, 자유무역의 확산 등을 통해 오랜 시간에 걸쳐 패권을 확립했다. 여기에는 ①1651년 항해법 제정부터 1815년 나폴레옹 전쟁에서 승리할 때까지 열 번의 전쟁(세 번의 영국-네덜란드 전쟁, 일곱 번의 영국-프랑스 전쟁), ②산업혁명, ③미국 독립전쟁 이후 약 100년 동안 유럽 제국과 협조, 아시아·아프리카에서 식민지 확대 전쟁, ④철도, 증기선망, 해저 케이블망 형성, ⑤러시아, 독일과의 외교전 등이 포함되어 있다.

미국은 ①멕시코-미국 전쟁과 미국-스페인 전쟁, ②제1차 세계대전, ③태평양전쟁과 제2차 세계대전, ④소련과의 냉전, ⑤베트남 전쟁, 이라크 전쟁 등 아시아에서 일련의 전쟁을 거쳐 패권을 확립·유지하고 있다. 제2차 세계대전 이후 전쟁을 거듭한 패권국은 미국밖에 없다.

현재는 중국이 등장해 미국과 새로운 패권 다툼을 보여주고 있다. 다만 핵무기와 같은 대량살상무기의 개발, 경제의 세계화에 따른 상호의존관계가 강화되어 대국 간의 전쟁은 어려워졌다. 단순한 형태로 패권이 이동한다고 생각하기는 힘들다.

앞으로는 무역전쟁과 같은 복잡한 과정을 거쳐 패권의 주역이 바뀌게 될 것인가. 아니면 변함없이 파괴로 이어지는 전쟁으로 패권이 이동할 것인가. 이는 불분명하다.

제1부

육지의 패권과
몽골 제국

제1장

육지의 세계는
오랜 시간에 걸쳐
형성되었다

1
건조한 기후에서
탄생한 농업

축복 같은 결함 보리의 발견

육지의 세계사는 농업의 출현에서 시작된다. 약 1만 년 전, 동아프리카의 지구대와 유라시아 대건조지대의 접점에 위치한 요르단 계곡에서 농업이 시작되었다.

결함 보리의 발견은 농업을 가능하게 만들었다. 인간은 돌연변이로 인해 씨앗이 땅에 떨어지지 않는 일립계밀 종자를 발견하고 재배하면서 굶주림을 극복하게 되었다. 보통 보리는 여물면 씨앗을 땅에 떨어뜨린다. 종자를 보존하기 위해서는 당연한 일이지만, 그렇게 되면 인간은 땅에 떨어진 작은 씨앗들을 주워 모아야 한다.

우연히 여물어도 씨앗이 땅에 떨어지지 않는 보리를 발견한 일은 인류에게 큰 행운이었다. 씨앗을 떨어뜨리지 않는 보리 재배가 큰 비중을 차지하면서 농업이 시작되었다. 인류는 결함 보리(인간의 상황에 적합한 보리)를 골라 재배하고, 불안정한 수렵·채집을 병행하면서 정착생활로 넘어간다(농업혁명).

흔히 식물은 독, 즉 쓴맛이나 떫은맛 등을 이용해 씨앗을 지킨다. 그러나 건조하고 메마른 땅에서 자라는 보리는 독성을 만들어낼 만큼 충분한 영양분을 얻지 못했다. 땅속의 규소를 흡수해 딱딱한 껍질을 만들어 씨앗을 보호하는 방법밖에 없었다. 그래서 인간은 보리를 먹으려면 딱딱한 껍질로 된 씨앗을 갈고 으깨서 가루로 만들어야 했다. 이 가루로 빵을 만들었다.

수컷을 중심으로 암컷이 떼를 지어 모이는 습성을 가진 가축(우제류)을 사육해 젖, 고기, 가죽 등을 얻는 목축도 시작되었다. 건조지대에서 섬유질 덩어리인 풀잎과 줄기를 먹는 동물은 많은 양을 먹어야 했고, 소화를 위해 되새김 능력이 필요했다. 가축으로 기른 양, 염소, 소 등이 모두 반추동물[되새김질하는 동물—옮긴이 주]이라는 점에서 목축과 건조지대의 관계성을 찾을 수 있다.

사막에서 확산된 보리의 재배

유라시아의 건조지대(대건조지대)는 광대한 사막과 초원, 내해인 지중해로 구성되어 있다. 그런데 보리는 특정한 사막에서만 생산할 수 있었다. 왜 건조지대의 보리는 대부분 비가 적은 사막에서 생산되었을까. 여기에는 당연히 이유가 있다.

지금부터 5,000여 년 전 온난화가 진행되자, 북위 30도 부근의 중위도 지역은 더욱 건조해졌다. 예를 들면, 아프리카의 3분의 1을 차지하는 사하라 초원이 사하라 사막으로 바뀌었다. 많은 목축민은 난민이 되어 사막을 흐르는 큰 강(수원은 외부의 습윤지대에 내린 대량의 비나 주변 고산지대의 눈 녹은 물) 유역으로 이주했고, 이주민이 늘어나면서 곧 보리가 부족한 현상이 심각하게 나타났다.

보리가 부족해지자 난민들은 사막을 흐르는 큰 강의 물을 이용해 농경지를 만들어야 했다. 외부에서 유입된 건조지대의 난민으로 노동력은 충분했기 때문에, 제방이나 수로를 정비하여 관개농업을 시작했다. 관개란 식물의 생장을 유지하기 위해 인공적으로 토지에 물을 대는 일이다.

큰 강의 물을 간단한 도구만 사용해 농업용수로 바꾸는 작업은 보통 일이 아니었다. 그러나 왕이나 신관의 권위, 관료가 동원한 민중 조직, 직인의 기술 등을 조합한 인해전술로 물의 순환 시스템이 유지되는 광활한 농경지가 출현했다. 외부에서 흘러들어온 강물을 이용한 관개농업이 시작된 것이다.

도시는 물의 통제 센터다

광활한 농경지를 만드는 작업은 간단한 일이 아니었다.

하천 문명은 물의 흐름을 통제하고 홍수로 사라진 경계를 구분하며, 공동 노동을 의무화하고 여러 세금을 징수하며, 교역을 감독하고 법전을 편찬하며 국경을 지킬 필요가 있었다.

고고학자 루이스 멈퍼드Lewis Mumford는《인간의 전환The Trans formations of Man》에서 관개 시스템의 관리와 유지에는 복잡한 작업이 필요하다고 위와 같이 지적했다. 선출된 왕이나 특정 부족, 신관, 관료 등은 관리 대상에게서 세금을 거두었다. 주고받기give and take처럼 세금 징수는 보리를 대량 생산하는 데 꼭 필요한 요소였던 셈이다.

물의 순환 시스템에 관련된 특별한 사람들이 정착한 큰 취락은 머지않아 도시로 모습을 바꾼다. 도시는 인공적으로 물의 순환을 유지하는 통제 센터로, 사람들을 결합하는 중심이 되어 사회의 광역화를 촉진시킨다.

도시의 형성에 따른 인류 사회의 변화를 '도시혁명'이라고 부른다. 4대 문명이 탄생한 이집트, 메소포타미아, 인더스, 황하는 육지 세계에서 핵심 지역이 되었다. 이어서 4대 문명과 각각의 특징을 살펴보자.

2
4대 문명의 탄생과
각 문명의 특징

이집트 문명: 나일강 유역의 순환형 농업사회

여름에 부는 몬순(계절풍)은 나일강 상류의 아비시니아 고원에 부딪혀 정기적으로 비를 내리는데, 이 비는 한 달 동안 청나일강을 거쳐 지중해로 흘러든다. 장마와 마찬가지로 여름철 몬순에 의한 비는 6월부터 10월까지 나일강의 수위를 점점 높여 물이 넘쳤다(홍수).

이집트 왕국의 수도 멤피스는 연간 강수량이 26밀리미터였으나, 나일강 중류의 테베는 연간 강수량이 겨우 1밀리미터에 불과했다. 나일강 유역은 외부에서 유입되는 많은 노동력을 활용해 관개 인프라를 정비했기 때문에 사막이 곡창지대로 변모하는 기적을 이루었다.

나일강 유역에는 강의 흐름을 따라 지방 도시가 성립되었다. 이 지방 도시들은 파라오가 나일강 유역을 통일하자, 자립성을 잃고 수도 멤피스의 통제 아래 신관이나 관료들이 지역을 지배하는 거점이 되었다.

이집트는 동쪽과 서쪽은 사막, 북쪽은 바다, 남쪽은 폭포로 둘러싸여 목축민과의 교류가 적고 홍수기와 갈수기(농사철)가 순환하는 농업사회가 유지되었다는 특징이 있다. 하지만 결국 고립된 문명으로, 세계사의 중심은 되지 못했다.

메소포타미아 문명: 농경민과 목축민이 섞여 살다

메소포타미아(강 사이의 땅이라는 뜻, 현재의 이라크)는 홍수가 시작되는 시기와 강수량이 해마다 달랐다. 터키 동부 산악지대의 눈 녹은 물이 티그리스강과 유프라테스강의 수원이었기 때문이다. 따라서 물을 통제하기가 어려워 사람들은 빈번하게 발생하는 돌발적인 홍수와 가뭄에 시달렸다. 《구약성서》에 나오는 '노아의 방주'도 실제 메소포타미아에서 일어난 홍수를 바탕으로 쓴 이야기다.

두 강의 수량은 한정되어 있어 관개가 쉬운 지역에서 농경지가 개척되었다. 최초로 개발된 하구 지역(수메르 지방)의 중심 도시 우루크는 연간 강수량이 약 120밀리미터이고, 메소포타미아 문명에서 가장 큰 도시인 바빌론의 강수량도 거의 비슷했다. 지역 전체가 사막이라고 볼 수 있다. 각 도시에는 벽돌로 지은 신전탑인 지구라트가 건설되었고, 신의 권위로 도시의 질서를 유지했다.

메소포타미아 문명에서 도시는 자립성이 강했지만, 주변 목축민의 침입이 반복되자 서서히 유력한 도시를 중심으로 도시국가연합이 조직되었다. 이때 가장 유력한 도시의 수호신이 신들의 회의를 주재하고, 수호신의 집사인 왕이 도시국가연합을 지배했다.

강한 군사력을 가진 목축민이 국가를 건설해 지배하기도 했다. 생활습관이 다른 여러 부족으로 구성된 국가의 질서를 유지하기 위해 신의 이름으로 법률이 제정되었다. 기원전 18세기에 제정된 동해보복법[동일한 상해나 배상의 원칙을 적용한 일종의 처벌법―옮긴이 주]인 함무라비 법전은 널리 알려져 있다.

인더스 문명: 여러 도시가 메소포타미아와 교역하다

인더스 문명(현재의 파키스탄)은 인더스 문자가 아직 해독되지 않아 불확실한 점이 많다. 하지만 전성기에는 인구가 3만 명에 이르렀고, 질서정연한 도시계획을 가진 모헨조다로와 하라파 등의 도시가 발달했다는 것은 알 수 있다.

상업적 성격이 강한 로타르(인도 서부) 등의 항구는 페르시아만의 바레인섬을 경유해 메소포타미아의 여러 도시와 교역했다. 각 도시에서는 면직물, 목재, 홍옥수 구슬 등을 거래했다. 수메르인이 건설한 도시인 우루크에는 인도 상인의 거류지가 있었다고 한다.

인더스 문명은 남서 계절풍 경로의 이동과 삼림 남벌로 진행된 건조화와 사막화, 지진으로 인한 인더스강 물길의 변화 등을 이유로 기원전 1800년경에 쇠퇴했다.

이후 아프가니스탄에서 아리아인이 침입해 인더스 문명을 구축한 드라비다인을 정복하고 카스트 제도를 만들었다. 아리아인은 동쪽으로 이동해 기원전 1000년경에 습윤지대인 갠지스강 유역에서 쌀 문명을 구축했다.

황하 문명: 유일하게 바다에서 떨어진 내륙 문명

황하 유역은 이집트, 메소포타미아와 비교하면 강우량이 많고, 대부분이 초원(연간 강수량 500밀리미터 이하)이다. 그래서 관개 시설을 구축하지 않아도 조를 재배할 수 있었다. 서쪽의 보리 문명과는 전혀 다른 농업사회였다.

황하 중류 유역에는 황토를 굳혀 만든 벽으로 둘러싸인 읍(도시는 대읍)이 형성되었고 지류인 위수 유역부터 개발이 진행되었다. 이들 읍의 연합체가 은殷나라와 주周나라다.

은나라에서는 뼈로 점을 쳐서 중요한 일을 결정하는 신권정치가 이루어졌는데, 점의 결과를 갑골문자(한자의 가장 오래된 형태)로 기록해두었다. 주나라는 전형적인 혈연지배 체제로, 이를 봉건제라고 한다.

황하 문명은 다른 세 문명과는 달리 내륙에 갇힌 문명이었다. 그 이유를 황하에서 찾을 수 있다.

황하는 수원인 중국 서북부에서 시작해 5,400킬로미터(세계에서 여섯 번째로 긴 강)를 흐른다. 상류인 난주부터 서안까지 황토 고원을 활처럼 굽어 흐르기 때문에 다량의 황토가 녹아들어 있다. 흐름이 완만해지는 하류에서는 그렇게 녹아든 황토가 매년 10센티미터씩 쌓이고, 3년에 두 번 꼴로 물길이 바뀔 만큼 큰 홍수가 일어난다.

고비 사막에서 편서풍을 타고 날아온 황토(직경 0.05밀리미터 이하의 미세한 흙)는 양분이 많고 통기성, 투수성이 뛰어나 물이 충분하면 비옥한 농경지로 변했다.

최초의 황제를 황제黃帝, 사후 세계를 황천黃泉이라 부르는 것도, 황제가 황색 기와로 지붕을 덮은 궁에 살며 황색 의복(황포黃布)을 입는 것도 황하를 신성하게 여기는 생각에서 비롯되었다.

3
농경민과 초원의
목축민을 연결하는 상인

농경민에게는 고기와 우유를, 목축민에게는 보리를

문명이 형성된 큰 강 주변에는 곡물을 재배하지 못하는 많은 목축민, 상업민이 살고 있었다. 그들 중에서 도시와 도로, 수로, 해로를 효과적으로 이용해 곡물을 넓은 지역으로 순환시킨 것이 상인이다. 상인은 농경민과 목축민을 이어주는 존재였다.

상업의 기본형은 여행이다. 건조지대에서 상업은 농경민이 생산한 곡물과 목축민이 가진 가축, 유제품 교환 중심으로 이루어졌다. 이렇게 넓은 지역에 걸쳐 탄수화물과 단백질이 교환되었다.

상인은 건조지대에 거주하는 여러 부족의 정보를 파악하고, 간단한 표음문자(알파벳)와 금속화폐를 만들었다. 또한 넓은 범위에 걸쳐 물건이 이동하는 구조를 마련했다.

부유한 도시의 특수성도 상인에게 활동의 장을 마련해주었다. 인간은 차별화를 통해 스스로를 돋보이게 하고 싶은 본능적인 욕구가 있다. '사람은 외모가 제일'이라는 이유로 지배층은 서민이 가질 수 없는 귀한 물건으로 몸을 치장하고, 진귀한 음식을 먹으며 자신을 과시했다.

그러한 욕구에 맞추기 위해 상인은 사치품이나 진기한 물건을 구하러 멀리 떨어진 곳까지 여행했다. 예를 들면, 메소포타미아에서 귀한 푸른 보석 라피스라줄리(청보석)의 산지는 아프가니스탄이고, 정전기를 띠기 쉬워 값이 나가는 호박의 산지는 발트해에 위치한 에스토니아만이다. 이집트에서 진귀하게 여기는 유향의 산지는 동아프리카와 아라비아반도 남부이며, 미라를 만들 때 사용하는 몰약의 산지는 아라비아반도 남부다. 황하 문명에서 중요한 옥의 산지는 쿤룬산맥 기슭이고, 화폐로 사용되는 자안패의 산지는 베트남 남부다.

현재의 세계사에서는 생산과 분배 중심이고, 교역의 관점은 빠져 있다. 그러나 세계의 팽창은 교역(경제)을 빼놓고는 설명하기 어렵다.

말을 이용하며 유목민이 된 목축민

목축민은 보리가 자라지 않는 초원에서 양, 염소, 소, 말, 낙타 등을 기르며 생활했다.

목축민이 기동력 있는 말을 이용하게 되자, 관리하는 가축의 마리 수는 단번에 증가하고 활동 무대가 넓어졌다. 말을 이용하는 목축민이 유목민이다. 유목민은 수렵 생활을 계속하기 위해 매우 간소하게 생활했다. 수컷을 중심으로 암컷이 떼를 지어 모이는 우제류를 '움직이는 식량 창고'로 관리하며 우유, 고기, 가죽 등으로 의식주를 해결했다. 또한 배설물은 연료로 사용하는 등 가축의 모든 것은 버리는 것 없이 활용했다.

목축사회는 씨족이나 부족의 결합으로 성립되는데, 이들은 일정한 지역을 단위로 공동생활을 유지했다. 여름에는 흩어져 방목을 하고, 겨울에는 모여 살기를 반복했다. 추위를 참고 이겨내는 월동기는 가축이 번식하는 시기이기도 했다. 이렇게 초원을 단위로 질서와 협력 관계가 유지되었다. 부족은 아직까지도 중동을 비롯한 유라시아 각지에서 커다란 영향력을 가지고 있다.

한편, 유목민은 보통 사막의 오아시스 농민이나 상인과 공생 관계를 유지했다. 하지만 유목민의 생활은 한랭화, 가축의 역병 등과 같은 위기가 종종 덮쳤기 때문에, 곡물을 얻기 위해 농경사회를 침략하는 일이 반복되었고, 제국을 건설할 정도로 세력이 커지기도 했다.

4
건조한 바다이자
교역의 바다 지중해

여름은 건조하고, 겨울은 다습한 기후

세계 최대의 내해인 지중해는 일 년 내내 내려오는 대량의 건조한 공기를 받아들이는 바다였다. 남쪽에는 사하라 사막(세계의 사막 면적의 4분의 1, 지중해 면적의 약 2.7배)이 위치했고, 동쪽에는 아라비아 사막이 있었다. 반면 지중해 북쪽 해안은 유럽의 편서풍대에 자리잡아서 겨울에 비가 많이 내리는 지역도 있었다. 그래서 지중해는 여름에는 건조하고 겨울에는 다습하다는 '두 개의 얼굴'을 가지게 되었다.

건조한 지중해와 인접한 지역은 17세기에 네덜란드 상인이 발트해 남쪽 해안(폴란드·독일 북부)에서 생산된 대량의 보리를 가져오면서 구원을 받았다. 지중해는 서아시아와 비슷한 건조지대로 주변 지역에서 곡물을 운반하는 상인이 활약하는 무대였다.

지중해 주요 도시의 연간 강수량은 다음과 같다. 사막은 연간 강수량이 250밀리미터 이하, 초원은 500밀리미터 이하로 건조한 정도를 파악할 수 있다.

- 크레타섬의 크노소스: 약 500밀리미터
- 아테네: 약 400밀리미터

- **알렉산드리아:** 약 340밀리미터

- **카르타고:** 약 470밀리미터

- **로마 제국의 수도 로마:** 약 870밀리미터

- **마르실리아**(마르세유)**:** 약 550밀리미터

- **마드리드:** 약 460밀리미터

    지도로 살펴보면 지중해는 ①이탈리아반도, 시칠리아섬, 튀니지를 연결하는 남북의 선으로 동·서로 나뉘고, ②중앙부에는 동·서로 섬들이 나란히 줄지어 있고, ③많은 작은 해역이 합쳐져 있어 항해하기 쉽고, ④남쪽 해안에는 지중해보다도 광활한 '모래의 바다'

사하라 사막이 가로놓여 있다는 특색을 가지고 있다.

상업이 발달한 지중해에서는 사람이 노를 젓는 갤리선과 서툰 항해 기술로도 넓은 지역에 이르는 교역이 가능했다. 주변이 사막으로 둘러싸인 이집트의 주요 교역로인 나일강은 동지중해와 직접 연결되었다. 또 지중해는 레바논을 통해 시리아, 서아시아까지 이어졌다.

지중해 상업의 틀을 만든 페니키아인

크레타섬의 크노소스는 이집트와 무역을 하면서 번영했다. 그러나 기원전 17세기에 크레타섬 바로 북쪽에 위치한 산토리니섬에서 거대한 해저 화산이 분화했고, 강한 지진과 큰 쓰나미로 인해 크노소스는 멸망했다.

크레타인을 대신해 페니키아인이 등장했다. 기원전 12세기경부터 레바논에 정착한 페니키아인은 좁은 해안 평야에서 이루어지는 농업을 보완하기 위해 지중해 교역에 뛰어들었다.

훌륭한 목재 자원인 레바논 삼나무를 이용해 용골을 가진 구조선을 만든 페니키아인은 도시국가인 시돈(현재 레바논의 사이다), 티루스(현재 레바논의 수르)를 중심으로 교역을 넓혀갔다.

그들은 지중해 중앙부의 섬들을 동쪽에서 서쪽으로 연결하는 항로를 개척해 지중해 세계의 골격을 형성했다. 그 섬들에는 페니키아어 지명이 붙었다. 키프로스섬은 페니키아어로 '사이프러스(노송나무)', 시칠리아섬은 '시크리(괭이)를 가진 사람, 농민의 땅'이라는 뜻이다. 사르데냐섬은 '신이 최초로 남긴 발자취', 코르시카섬은 '삼림이 많은 땅'이라는 의미이고, 발레아레스 제도는 페니키아 최고의 신 '바르'에서 유래했다. 마지막으로 스페인은 '토끼가 많은 땅'이라는 뜻이다. 문자 그대로 지명은 역사의 화석인 셈이다.

기원전 9세기에 시칠리아섬 건너편 튀니지 지방에는 페니키아의 식민지인 카르타고(페니키아어로 새로운 도시라는 뜻)가 건설되었고, 서지중해는 페니키아인의 바다가 되었다.

페니키아인에게 지중해 패권을 빼앗은 그리스인

페니키아인보다 수백 년 늦게 지중해에 진출한 그리스인은 에게해에서 흑해 주변으로 항로를 확장했다. 발칸반도의 복잡한 해안선, 북쪽에서 불어오는 계절풍 에테시아와 남쪽에서 불어오는 시로코가 그리스인의 항해를 도왔다.

그리스인은 발칸반도 남부, 소아시아 연해부, 에게해의 섬들, 시칠리아섬, 이탈리아반도 남부에 인구가 1,000명 남짓한 소규모 도시와 식민 시를 구축하며 하나의 해양 세계를 형성했다.

서양사는 아테네 중심으로 연구되어서 다른 폴리스(도시국가)에 대해서는 잘 모른다. 그래서 그리스 문명의 보편성만 열심히 설명하고 해양성을 놓치는 경향이 강하다.

아테네는 기원전 5세기에 인구가 약 20만 명(그중 5만 명이 노예)이나 되는 큰 세력으로 성장한다. 건조한 아테네는 밀의 3분의 2와 노예를 흑해 북쪽 해안에 위치한 우크라이나에서 수입하고, 그 대가로 와인, 올리브유, 무구, 도자기, 은을 수출했다. 우크라이나로 이어진 다르다넬스 해협, 보스포루스 해협이 그리스인의 생명선이었다.

그리스인은 지중해 주변의 군사력을 능숙하게 이용하는 전략을 구사했다. 그들은 마케도니아의 왕 알렉산드로스의 동방 원정(기원전 334~기원전 324), 로마와 카르타고의 포에니 전쟁(기원전 264~기원전 146)을 거쳐 결국 페니키아인에게 승리했고, 지중해의 상업 패권을 장악하게 되었다.

5
육지 세계의 발달이
정신혁명을 가져오다

종교와 철학의 탄생

문명이 탄생하고 2,500여 년이 지나자 각 지역에서 고유한 자연관과 사회관이 체계화되었다. 현재까지도 큰 영향을 미치는 종교와 철학이 탄생(정신혁명)했다. '정신혁명'은 비슷한 시기에 일어나 이후 각지에 성립된 제국의 문화적 토대가 되었다.

독일의 철학자 카를 야스퍼스Karl Jaspers는 이러한 유라시아 규모의 문화 현상을 파악하고, 이를 인류의 '추축의 시대(기축시대, Achsenzeit)'라고 이름 붙였다.

기원전 7세기에서 기원전 5세기는 문명의 탄생부터 2,500여 년이 지났기 때문에 자연에서 벗어나 도시에 사는 사람들 사이에서 사고의 체계화가 진행되었다.

조로아스터교와 유대교: 초원과 사막이 기원이 된 종교

기원전 7세기, 건조지대의 한가운데인 이란 고원(페르시아)에서 조로아스터는 낮과 밤의 규칙적인 순환에 주목했다. 그는 광명신(선신)인 아후라 마즈다와 암흑신(악신)인 아리만의 싸움으로 자연과 사회를 설명하고, 최종적으로 광명신이 승리하고 '최후의 심판'이 이루어진다는 조로아스터교를 창시했다.

초원에서 반복되는 낮과 밤의 순환을 드라마틱한 신들의 싸움으로 설명한 조로아스터교는 '초원의 종교'라고 할 수 있다. 조로아스터교는 아케메네스 페르시아, 사산조 페르시아의 종교가 되어 이슬람교가 전파되기 전까지 1,000년 동안 서아시아를 대표하는 종교였다.

사막 지역인 팔레스타인(가나안)의 유대인 사회에서는 바빌론 유수 [기원전 586~기원전 538, 유다 왕국이 멸망하면서 많은 유대인이 바빌론으로 끌려간 일—옮긴이 주]라는 고난 속에서 이사야, 예레미야, 에스겔, 제2이사야 등의 훌

룡한 예언자(카리스마)[카리스마는 그리스어로 신의 말씀을 알리는 자라는 뜻—옮긴이 주]
들이 나타나 유일신 여호와(야훼)와의 계약을 기초로 한 유대교가 형
성되었다. 야훼는 기독교의 예수, 이슬람교의 알라와 같이 절대적인
유일신으로, 사막의 신이었다.

상업 활동을 중심으로 하는 유대인은 넓은 지역을 이동하며 여러
문명의 영향을 받았다. 따라서 유대교에는 메소포타미아의 동해보
복법, 중앙아시아에서 탄생한 조로아스터교의 최후의 심판 사상 등
사막과 초원의 다양한 사상이 포함되어 있다.

이처럼 유대교의 영향으로 기독교와 이슬람교가 출현했다는 사
실은 널리 알려져 있다.

가혹한 우기와 건기가 만들어낸 인도의 종교

인도는 갠지스강 유역에서 도시국가들이 발달하며 제사 의식을 중
시하는 전통적인 브라만교가 혁신되었고, 우파니샤드 철학이 성장
했다. 브라만교와 우파니샤드 철학 모두 우주의 진리를 파악하고
깨달음에 이르는 방법을 발견하는 것이 목표였다. 이때 기본적인
명제가 고통의 순환인 '윤회輪廻'와 그 원인이 되는 '업業'이었다. 여
름철 몬순에 의한 홍수, 겨울철 몬순이 가져다주는 극심한 건조함
이라는 가혹한 기후의 순환이 윤회 사상의 기초였다.

윤회에서 해탈하기 위한 수양법을 찾는 과정에서 기원전 6세기
부터 기원전 5세기에 걸쳐 고타마 싯다르타의 불교, 마하비라의 자

이나교가 형성되었다. 모두 몬순의 종교라고 할 수 있다.

제자백가: 통치 원리를 요구하는 난세에 등장하다

황하 상류에서는 황토가 퇴적되어 3년에 두 번꼴로 큰 범람이 일어
났다. 몽골 고원에는 강력한 유목 세계가 존재하면서 중화 세계는
내륙에 갇혔다. 여기에 500년 동안 극심한 전란이 이어진 시기가
춘추전국시대다. 그 이유를 살펴보자.

중국에서는 하늘의 신(천제)이 대리인을 선택해서 왕(천자)으로 삼
는데, 왕이 잘못하면 다시 선택할 수 있다(역성혁명)는 정치적인 믿음
에 기초해서 전쟁이 반복되었다. 전쟁에서 승리하는 것은 천제에게
신임을 얻었다는 의미로 인식되었다. 전쟁은 반복되면서 규모가 커
지고, 나라의 영역이 확대되어 마지막으로 진秦이 통일했다.

춘추시대(기원전 770~기원전 403) 말기에 철기가 발명되면서 전국시대
(기원전 403~기원전 221)에는 전쟁이 더욱 치열해졌고, 부국강병에 힘쓰
는 왕은 새로운 통치 원리를 찾았다.

이러한 흐름 속에서 왕도에 모인 학자들은 유파를 만들어 제자를
양성하고 각자의 사상을 주장하며 경쟁을 펼쳤다. 그러한 가운데
공자·묵자·맹자·순자·장자 등으로 대표되는 '제자백가'가 나타났
다. 부국강병을 위한 요구에 따라 제자백가는 많은 문제를 다뤘고,
이후 정치성이 강한 중국의 여러 사상의 원형이 되었다. 제자백가
는 폐쇄적인 공간에서 정쟁이 반복된 내륙 문명이 만들어낸 실천적

학문이라고 할 수 있다.

그리스 철학: 육지와 바다에 닿은 상인 사회에서 탄생하다

기후가 건조해 곡물 자급이 어려운 그리스는 해상 교역에 의존해야
만 했다. 곡물 재배에는 연간 500밀리미터의 강수량이 필요한데,
아테네에는 일 년에 약 400밀리미터밖에 비가 내리지 않았다.

바다는 그리스 문명에 독특한 개성을 부여했다. 바다에서 육지의
세계를 살펴보면 당연하게 생각되었던 일들이 그들에게는 학문의
대상이 되었다.

그리스에서는 만물의 근원(근본 물질, 아르케)을 추구하는 자연철학이
발달했다. 모든 존재는 땅에서 태어났다는 건조지대의 주장과는 달
리, 탈레스Thales(기원전 624년경~기원전 546년경)는 만물의 근원을 물이라
고 주장했다. 엠페도클레스Empedocles는 모든 것이 흙·물·공기·불이
라는 4원소의 조합으로 구성된다고 주장했다. 이러한 것들은 모두
바다와 육지 두 세계가 만나는 장소에서 생활하는 그리스인 고유의
발상이다.

페르시아 전쟁(기원전 500~기원전 449)이 끝난 후, 상업국가로 성장한
아테네는 도시 문명이 무르익었다. 이를 비판한 소크라테스Socrates
는 대중 재판에서 사형 판결을 받고, 아테네의 현실에 실망한 소크
라테스의 제자 플라톤Platon은 진리는 현실 세계 밖에 있다는 이데아
론을 주장했다. 이데아론에 비판적인 여러 학문을 통합한 아리스토

텔레스와 같은 철학자도 활약했다. 그리스 철학은 육지 문명과 결합한 바다가 발달시킨 상업민의 학문이라 할 수 있다.

6
육지 세계를 이끈
기마 유목민의 출현

기마 기술의 발명으로 시작된 군사적 약탈

건조지대에는 초원에 흩어져 사는 목축민이 또 하나의 큰 세계를 형성하고 있었다. 목축민 세계는 부족이라는 혈연 집단이 기초인 사회였다. 부족제의 흔적은 지금도 사우디아라비아, 이란 등에 공고하게 남아 있다.

초원에서 말은 목축의 규모를 열 배나 증가시켰다. 한 가족이 생활하려면 200마리의 양이 필요했고, 양의 먹이인 풀을 얻으려면 한 곳에서 다섯 가족 정도 생활할 수 있었다. 그래서 목축민은 10킬로미터 정도 떨어진 넓은 공간에서 밀접한 관계를 맺고 살았기 때문에, 말은 초원의 교통수단으로 꼭 필요한 존재였다.

말을 사용하는 목축민이 유목민인데, 유목민의 힘이 강해지면서 흑해 북쪽 해안의 우크라이나에 사는 스키타이인이 부상했다.

스키타이인은 기원전 6세기경에 재갈과 고삐, 말 위에서 쏘는 단궁을 개발하고, 기마 군단의 기동력을 활용한 집단전법을 고안했다. 이로 인해 기마 유목민이라는 대규모 군사 세력이 출현했다. 기마 기술이 초원의 여러 부족에게 확산되어 농업사회에 대한 약탈이 반복되었다.

말을 탄 유목민의 군대는 빠르게 자유자재로 병력을 집중, 분산시킬 수 있었다. 말 위에서 쏠 수 있는 사정거리 200미터 이상인 단궁과 기마 기술이 결합되면서 유목민의 군대는 군사적 측면에서 압도적인 우위를 차지했다. 스키타이인이 사용한 마구는 초원길을 따라 전해져 말과 하나가 된 유목민은 건조지대의 패자霸者가 되었다.

정복 활동에 눈을 뜬 유목민

부족 단위로 나뉘어 생활하는 유목민은 부족장 회의(쿠릴타이)에서 왕을 선출하고 결속을 다졌다. 유목민은 때때로 유능한 지도자가 등장하면 순식간에 넓은 공간을 지배하는 유목 제국으로 성장했지만, 유능한 지도자가 사라지면 다시 부족 단위로 분산되고 제국은 흔적도 없이 사라졌다. 제국은 곡물이나 물자를 안정적으로 확보하기 위해 형성되었다.

유목민이 세계사의 전개에서 중요한 역할을 담당하게 된 한 가지 원인은 가난이었다. 가축의 사육과 수렵에 의존하는 유목민의 생활은 매우 불안정했다. 기회가 있을 때마다 농경사회를 정복하고 공

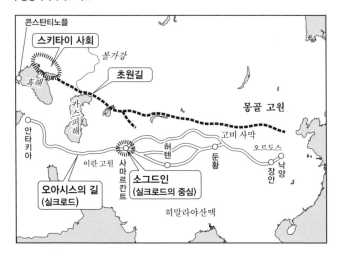

물을 바치게 하거나 오아시스 지대의 상업권을 지배하고 상인에게 세금을 거두어서 가난한 생활을 보충했다. 이처럼 '결핍'은 유목민의 원동력이었다.

전통을 지키는 농경사회와는 달리 항상 변화하는 자연에 유연하게 대응해야 하는 유목민은 사고가 유연하다. 절실할 때에는 상인에게 얻은 정보와 군사력을 결합해 유라시아에서 세력을 확장했다.

전쟁이나 침략뿐 아니라 유목민과 농경민 사이에는 공존 관계도 있었다. 스키타이인과 그리스인 사이의 무역, 흉노와 한漢나라 사이의 견마絹馬 무역 등이 그 예다. 몽골 고원의 흉노는 한나라, 서양의 파르티아(현재의 이란 부근)와 견마 무역을 했다.

《사기史記》〈대완열전大宛列傳〉에 나오는 "오손에서 서쪽으로 안식

(파르티아)에 이르는 길은 흉노에 가깝다. 흉노의 사자가 선우(흉노의 왕)의 편지를 가지고 있으면, 도중의 나라들은 식량을 마련하여 사자를 맞이하고, 결코 방해하지 않았다"라는 구절에서 그러한 상황을 알 수 있다.

7
습윤지대로 확장되는
육지의 세계

물이 풍부한 습윤지대의 개발이 늦어진 이유

약 3,000년 전부터 육지의 세계는 건조지대에서 습윤지대로 확장된다. 습윤지대의 중심은 유라시아 남부의 몬순지대(인도의 갠지스강 유역, 인도차이나반도, 동남아시아 도서 지역, 장강 유역, 한반도, 일본), 북쪽의 북유럽, 러시아 등이다.

  그 이유로는 ①동아프리카의 대지구대에서 시작된 인류 사회가 건조지대로 확장되었고, 군사적으로 우위에 있는 건조지대로부터 자립하기 힘들어진 점, ②다양한 식물이 번성했기 때문에 개발하는 데 시간이 걸린 점, ③몬순지대로 우기와 건기가 있는 점, ④유럽은 서늘해서 농업이 부진한 점 등으로 습윤지대는 의외로 개발이 늦었다.

갠지스강 유역: 유목민의 침입으로부터 안전한 지대

아프가니스탄에서 침입한 유목민 아리아인은 습윤지대인 갠지스강 유역에 이르러, 그곳에서 많이 생산되는 쌀을 재배하며 도시국가를 성장시켰다. 지금부터 약 3,000년 전의 일이다.

이후 갠지스강 유역은 인도 세계의 중심이 되었고, 인도차이나 반도, 동남아시아 동서부 등으로 습윤지대의 세계가 넓어졌다.

인도 반도는 북부에 높은 히말라야 산맥이 우뚝 솟아 있고, 들어가는 길이 카이버 고개뿐이기 때문에 유라시아 건조지대로부터 유목민이 자주 침입하지는 못했다. 갠지스 문명에서는 여러 종교가 800만의 신을 믿는 힌두교로 통합되었고, 많은 지역이 느슨하게 연결되는 습윤지대가 형성되었다.

장강 유역: 건조지대로부터 자립하기 어려웠던 이유

한나라 붕괴 이후 혼란기에 유목민이 용병(기병)으로 활약했다. 4세기에 용병으로 활약하던 다섯 유목민(5호)이 황하 중류 유역을 점령하고 여러 나라를 건설했다. 이 시기를 5호 16국시대(304~439)라고 한다.

황하 중류 유역에서 밀려난 한족이 장강, 한반도, 일본으로 이동하며 크게 혼란스러운 틈에 습윤지대 개발이 진행되었다. 위진남북조시대(220~589)는 한족의 이동으로 동아시아 습윤지대가 하나의 세계로 바뀌는 전환기였다.

중국에서는 퉁구스계 선비족이 건조지대를 북위로 통일하고(북조), 습윤지대의 남조와 대립(남북조시대, 439~589)했다. 결국 유목민인 선비족이 남조를 정복하고 수·당을 건국하며 중국 전체가 건조지대에 편입되었다.

선비족은 한족의 지배층과 결혼하여 중국 사회에 동화(한족화)되는 한편, 호족에게 토지를 빼앗고 균전제, 조용조제, 부병제를 통해 한족 지배를 강화했다. 수·당은 건조지대의 유목민이 남부 습윤지대를 강력하게 지배한 왕조였다.

10세기 말에 장강 유역에서 생산된 쌀이 중국에서 주요 식량이 되면서 "소항숙 천하족蘇杭熟天下足(장강 유역의 소주·항주에 풍년이 들면 중국의 식량은 충분하다)"이라는 말도 있었다. 그리고 송, 남송, 명 등 습윤지대(장강 유역)를 기반으로 한 왕조도 성립되었다.

건조지대에서는 말을 이용해 군사력을 강화한 금(만주족), 원(몽골족), 청(만주족) 등의 유목 제국이 황하와 장강 유역을 지배하는 시대가 길게 이어졌다. 최후의 제국 청은 만주족, 몽골족이 군사력으로 수립한 전형적인 건조지대의 왕조였다.

그 영역을 전체적으로 계승한 현재의 중국은 육지, 바다, 하늘의 여러 단계를 결합한 제국을 목표로 하지만, 기본적으로는 군사력에 의존한 건조지대의 국가다. 당의 군대를 보유한 공산당의 지배가 예전의 부족 지배와 어떻게 다른지 앞으로 주의 깊게 설명할 필요가 있다.

한반도와 일본 열도: 쌀 사회이지만, 정권의 모습은 대조적

앞에서 말했듯이, 5호가 황하 유역을 지배하는 4세기에서 5세기까지 한족이 이동하며 그 영향이 동아시아 전역으로 확산되었다. 한반도(신라, 백제)와 일본의 서부(야마토 정권)까지 영향을 미쳐 쌀 생산을 기반으로 한 습윤지대에서 정권이 수립되었다.

몽골 고원이나 만주에 가까운 한반도에서는 고려가 원의 지배를 받거나 조선 왕조가 청과 수차례 전쟁을 치르는 등 역사적으로 건조지대 국가와 오랜 기간 대립했다.

바다로 둘러싸인 일본은, 동아시아에서는 예외적으로 처음부터 끝까지 습윤지대의 사회가 지속되었다. 세계 평균보다 강수량이 두 배 이상 많아 고온다습한 일본은 벼 재배의 북쪽 한계지만, 수확량이 많은 벼를 재배하는 논이 펼쳐졌다.

유럽: 낮은 생산성을 큰 규모로 보완하다

알프스 산맥의 북쪽 지역은, 로마 제국이 선주민인 켈트족을 정복해 지중해 세계인 건조지대의 지배에 편입시킨 농업사회였다. 게르만족의 대이동으로, 게르만족과 로마인이 뒤섞이면서 지중해라는 건조지대의 영향이 더욱 강해졌다.

유럽에서 고위도 지역은 한랭한 기후로 한 알의 보리가 세 알 정도밖에 늘어나지 않아 오랫동안 농업사회로 자립하지 못했다. 영주는 소작료를 받지 않고, 직영지를 경작한 농노에게 세금을 걷어 생활했다.

유럽이 농업사회로 자립하는 시기는 지금부터 1,000년 전인 중세 농업혁명(11세기) 이후다. 이때 말이나 소가 끄는 쟁기가 등장해 농업사회로 자립할 수 있었다. 유럽은 낮은 농업 생산력을 농경지의 넓이로 보완했다. 이때부터 어두운 숲으로 덮여 있던 유럽이 현재와 같은 밝은 유럽으로 바뀌기 시작했다.

제2장

육지의 여러 지역에서
제국이 등장하다

1
페르시아제국과
로마제국

육지의 여러 지역에 제국이 탄생한 배경

기원전 6세기에 성립된 페르시아 제국이 3대 문명인 메소포타미아, 이집트, 인더스 문명 지역을 통합한 이후, 몽골 제국이 유라시아에서의 대제국을 형성할 때까지 육지 세계에서는 여러 제국이 약 1,750년 동안 흥망을 반복했다. 이들 제국은 바다, 사막, 산악 등에 나뉘어 지역마다 패권을 확립했다. 그중 지중해, 서아시아, 인도, 중국에서 제국이 탄생한 것은 곡물 순환에 필요한 대규모 생산지가 있었기 때문이다.

　제국은 말이 끄는 전차, 기마 군단 등을 이용한 유목민의 정복 활동에서 출현했다. 제국은 넓은 영토를 지배하기 위해 각지의 부족을 중앙에서 파견한 관료, 군대를 통해 느슨하게 통합했다. 곡물의 순환이 필요했지만 주민 교류는 제한되었다. 그래서 제국은 식량을 분배하는 공급 시스템을 만들어야 했다. 이전에 상인이 담당하던 일을 제국이 광역화·안정화시켜서 이어받았다.

영국의 역사가 아널드 토인비Arnold Toynbee는 '제국'이 성립되는 구조로 ①역전제 등의 교통수단, ②주둔 부대와 식민지, ③지방제도, ④수도, ⑤공용 언어와 공용 문자, ⑥법률제도, ⑦역법, ⑧도량형 및 화폐, ⑨군대, ⑩관료제, ⑪시민권을 들고 있다.

기원전 6세기 중반부터 기원전 1세기 말까지 유라시아 각지에 네 제국이 건설되었다. 각 제국이 성립한 순서대로 정리해보자.

- **페르시아 제국**(아케메네스 왕조, 기원전 550~기원전 330): 건조지대 최초의 대제국
- **마우리아 왕조**(기원전 317~기원전 180년경): 쌀을 재배하는 습윤지대 최초의 제국, 인도 갠지스강 유역 중심
- **진나라**(기원전 221~기원전 206): 조 재배로 유지된 동아시아의 제국
- **로마 제국**(기원전 27~476, 1453): 지중해를 통합한 세계 최초의 해양제국

기원전 6세기에 페르시아 제국이 탄생했고, 기원전 1세기에 로마 제국이 탄생했으므로 두 제국의 성립은 약 500년의 차이가 있음을 알 수 있다.

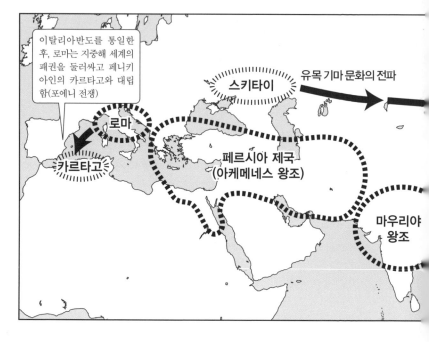

이탈리아반도를 통일한 후, 로마는 지중해 세계의 패권을 둘러싸고 페니키아인의 카르타고와 대립함(포에니 전쟁)

스키타이

유목 기마 문화의 전파

로마

카르타고

페르시아 제국
(아케메네스 왕조)

마우리야
왕조

3대 문명 지역을 통합한 유목민계 페르시아 제국

가장 오래된 제국은 이란 고원(일본의 약 4.5배, 80퍼센트는 사막) 남서부 파르사 지방에서 유목민계 페르시아인이 수립한 페르시아 제국이다. 다리우스 1세(재위 기원전 522~기원전 486) 때 에게해에서 인더스강 유역까지 지배하는 대제국이 되었다.

아케메네스 부족의 광역 지배는 각 지방 부족이 연합하면서 가능했다. 아케메네스 부족은 3대 문명 지역인 이집트, 메소포타미아, 인더스를 통합하고 보리를 넓은 범위로 순환시켰다.

흉노

유목 기마민으로 강해진 흉노에 대항해, 진 시황이 장성을 건설함

진

페르시아 왕은 조로아스터교의 절대신 아후라 마즈다의 대리인이라 칭하며 자신의 지배권에 권위를 부여했다. 유목민계 페르시아인은 아시리아 멸망 이후 분열된 지역을 말 두 마리가 끄는 경전차(채리엇)를 이용해 군사적으로 정복했다.

다리우스 1세는 전 국토를 사트라페이아(주州)라는 20개의 행정구로 나누고, 유력한 부족들을 느슨하게 통합했다. 왕은 페르시아인과 메드인의 유력한 부족을 사트라프(총독), 태수로 삼고 각지에 파견해 여러 부족을 지배 구조에 편입시켰다.

제국에서 중요한 역할을 하는 곡물 순환 시스템은 도로망 건설 외에 동전, 알파벳 같은 상인의 기술을 도입했다. 사트라프는 원칙적으로 은(장소에 따라서는 사금)으로 세금을 징수하고 동전을 만들었다.

그리스의 역사가 헤로도토스Herodotos는 제국 전역에서 연간 약 367톤의 은이 세금으로 징수되었다고 기록했다.

소아시아의 리디아를 정복한 후 다리우스 1세는 리디아 왕 크로

이소스가 만든 동전을 통치에 도입해 통화(제국 내에서 유통을 강제하는 화폐)
로 유통시켰다.

왕은 제국 내 여러 지방에서 모인 금·은으로 동전을 만들고 이
를 지중해에서 인도에 이르는 넓은 지역에 유통시켜 보리의 순환
을 촉진했다.

중앙에서 파견된 사트라프는 각 지방 도시에 왕궁을 본뜬 궁정을
건설하고 조세 징수나 군대 유지를 담당했다.

다리우스 1세는 통치하는 여러 민족·부족의 관습을 존중했는데,
부족의 힘이 강한 서아시아에서는 당연한 일이었다. 따라서 제국은
약 200년 동안 지속될 수 있었다.

패권 계승에 실패한 알렉산드로스

세계사에 등장한 제국은 일반적으로 100~200년 사이에 멸망했
다. 지역이나 부족 사이의 격차 확대, 지배 부족의 군사력 저하, 권력
투쟁, 피지배 부족의 불만 축적 등이 원인이다. 따라서 세계사의 전
환은 반복된다.

페르시아 제국이 멸망한 대표적인 이유는 경전차를 사용한 전략
이 시대에 뒤떨어졌다는 점이었다. 반대로 스키타이인의 기마 전법
과 그리스의 중장 보병이 6미터에 이르는 장창으로 밀집해서 싸우
는 전법은 강력했다.

그리스 북쪽에 위치한 신흥 국가 마케도니아는 흑해와 가까워서

이소스 전투 말이 끄는 경전차에 올라탄 다리우스 3세(오른쪽)와 기마 차림의 알렉산드로스 대왕(왼쪽).

은 광산 개발로 부를 축적해 스키타이인의 기마 전법과 그리스인의 밀집 전법을 융합한 군사 대국이 되었다.

마케도니아의 왕 알렉산드로스는 20세인 기원전 334년에 페르시아 제국으로 동방 원정을 시작하고, 새로운 군사 기술을 활용해 4년 후인 기원전 330년에 페르시아 제국을 멸망시켰다.

기원전 333년에는 지중해 동쪽 연안의 아나톨리아와 경계에서 패권을 놓고 싸우는데, 이 전쟁이 이소스 전투다. 총 4만 5천 명의 알렉산드로스 군이 약 60만 명의 다리우스 3세 군을 격파한 전투다. 이 전쟁을 그린 폼페이(이탈리아 도시)의 모자이크화를 보면 말에 탄 알렉산드로스 대왕이 경전차에 탄 다리우스 3세를 몰아붙이는 구도가 인상적이다.

페르시아 제국을 무너뜨린 알렉산드로스는 군대를 재편성하고 중앙아시아에서 인도로 진격했지만 인도 서쪽 국경에서 원정을 중지한다.

알렉산드로스의 진격에 맞서 갠지스강 유역 최대 국가인 마가다 왕국에서는 군대를 증강시켰다. 마가다 왕국의 찬드라굽타가 군사 정복을 통해 수립한 인도 최초의 제국이 마우리아 왕조(기원전 317~기원전 180년경)다. 쌀을 재배하는 습윤지대에 세워진 최초의 제국이었다.

알렉산드로스는 기원전 323년, 32세의 젊은 나이에 열병으로 급사했다. 아이가 태어난 지 얼마 되지 않았기 때문에 부하인 무장들 사이에 세력 다툼이 일어나 제국은 분열되었다.

혼란이 이어지는 가운데 포에니 전쟁에서 승리하고 서지중해를 지배하게 된 로마의 장군 옥타비아누스가 클레오파트라가 지배하는 이집트의 프톨레마이오스 왕조를 무너뜨리고 지중해를 통일한다. 이렇게 기원전 27년에 이집트, 시리아를 포함하는 지중해 주변을 통일한 최초의 해양 제국 로마가 성립되었다.

서양사에서는 제국을 형성하기 전 로마에서 벌어진 권력 투쟁을 자주 다루는데, 로마 제국은 한마디로 말하면 페르시아 제국, 그리스의 폴리스 세계, 페니키아인의 세계를 계승한 해양 제국이다.

대륙 세력이 해양 세력에게 승리한 포에니 전쟁

레바논의 페니키아인은 지중해를 하나의 상업 해역으로 만들었다.

대표적인 상업민인 페니키아인들은 지중해 중앙의 섬들을 동서로 연결해 횡단하는 항로를 개척하고, 서지중해로 향하는 유일한 해협(요충지)인 시칠리아 해협에 면한 카르타고에 식민지를 건설해 서지중해를 독점 지배했다.

지중해는 이탈리아반도, 시칠리아섬, 튀니지를 잇는 선을 따라 동서로 나뉘고, 동서로 나뉜 지중해는 메시나 해협과 시칠리아 해협에서 서로 이어져 있지만, 메시나 해협은 조류가 빨라서 지나가기가 힘들었다.

페니키아인의 카르타고와 그리스인과 연합한 로마가 지중해의 패권을 놓고 싸운 포에니 전쟁은 세 차례 벌어졌다. 이 전쟁을 통해 대륙 세력인 로마가 해양 세력인 카르타고를 무찌르고 지중해의 패권을 장악한다. 그 과정을 간단하게 정리해보자.

① 동지중해의 상업을 둘러싸고 페니키아인과 신흥 세력 그리스인이 다툰다.

② 페니키아가 기원전 9세기에 카르타고를 거점으로 서지중해를 지배한다.

③ 기원전 272년에 이탈리아반도를 군사 통일한 로마는 남부의 마그나 그라이키아(위대한 그리스)라고 불리는 그리스의 식민지들을 지배한다.

④ 시칠리아섬을 둘러싸고 그리스의 식민도시 시라쿠사와 카르타고의 싸움이 벌어지자 시라쿠사가 로마에 지원군을 요청한다.

⑤ 로마는 시칠리아섬 진출의 호기로 삼고 지원군을 파견한다.

⑥ 세 차례에 걸친 포에니 전쟁(기원전 264~기원전 146)에서 로마가 승리한다.

⑦ 로마가 서지중해의 지배권을 얻는다.

식민지와 대량의 물자로 유지되는 로마 제국

포에니 전쟁과 병행해서 로마는 분열 상태에 있던 동지중해의 그리스 세계와 전쟁을 시작해 최종적으로 악티움 해전(기원전 31)에서 승리했다. 기원전 30년에 동지중해의 최대 세력인 이집트의 프톨레마이오스 왕조(기원전 304~기원전 30)를 멸망시키고 '없는 것은 눈 뿐'이라는 이집트의 상업 도시 알렉산드리아를 병합했다.

그 결과 동·서지중해가 통합되고, 기원전 27년에 세계 최초로 해양 제국인 로마 제국이 성립되었다. 이탈리아반도를 제외한 지중해 주변의 넓은 영역은 속주(프로빈키아, 식민지)가 되었고, 그리스 상인이 이 지역에서 세금 징수를 담당했다.

인구가 100만 명으로 급증한 수도 로마의 식량은 4개월분을 이집트에서 가져왔다고 한다. 또 많은 문화가 축적된 동지중해에서 제국의 수도 로마로 헬레니즘 문명이 유입되어 로마의 그리스화가 진행되었다.

오랜 전쟁과 속주에서 유입되는 대량 물자가 있어서 정복 활동을 담당했던 로마의 농민(중장보병)은 몰락하고, 이름뿐인 시민이 되었다. 정복 전쟁과 속주 지배로 부를 축적한 신흥 귀족(노빌레스)은 '빵과 서커스(오락)'를 제공하는 것만으로 가난한 시민의 지지를 모으고 권력 투쟁에 몰두할 수 있었다.

권력 투쟁의 결과 최종적으로 카이사르(기원전 100?~기원전 44)의 당파(평민당)인 옥타비아누스(아우구스투스, 기원전 63~14)가 승리했고, 기원전 27년에 원수(프린켑스, 원로원의 제일인자)로서 로마 제국을 창시했다.

그런 관계로 '카이사르'의 이름이 황제의 칭호에 덧붙었다. 나중에 독일 황제를 '카이저', 러시아 황제를 '차르'라고 부른 것도 여기에서 유래되었다.

제국은 12개의 관구로 분할되고, 로마에서 각 관구로 관구장이 파견되었다. 그리고 1,000년 이상의 역사를 가진 바닷길과 약 8만 5천킬로미터의 군사 도로가 로마 제국의 대동맥이 되었다.

같은 시기에 멸망하게 된 사산조 페르시아와 로마 제국

유라시아 서부의 건조지대에서는 아케메네스 왕조의 부흥을 목표로 하는 사산조 페르시아와 로마 제국을 계승한 동지중해의 비잔틴 제국(동로마 제국)의 대립이 이어졌다.

로마 제국이 수도를 로마에서 흑해 입구인 콘스탄티노플로 옮기고, 476년에 서로마 제국이 멸망하자 비잔틴 제국이 성립된다. 두 세력은 대규모 전쟁을 반복한다.

비잔틴 제국의 유스티니아누스 황제(재위 527~565)가 북아프리카의 반달 왕국과 이탈리아반도의 동고트 왕국을 정복하면서, 유목민 에프탈의 침입으로 힘이 약해지던 사산조 페르시아와 전쟁이 격화되었다. 6세기가 되면 두 제국은 서로의 수도를 공격하는 상황에 이를 정도로 급속하게 쇠퇴한다.

그런 가운데 두 제국에 타격을 입히며 두각을 나타내고 새로운 지배자가 된 것은 누구도 예상하지 못했던 아라비아 사막의 아랍 유목민이다. 시리아 일신교의 영향을 받아 무함마드가 창시한 이슬람교가 아랍 유목민을 결합시킨 것이다.

2
유라시아의 중심에서
벗어난 동아시아의 진과 한

보리 문명과는 다른 중국 내륙 제국

황하 유역에서는 앞에서 말했듯이 2~3년에 한 번 물길이 대규모로 바뀔 정도로 큰 홍수가 발생하기 때문에 충적평야가 문명을 형성하는 무대가 되지 못했다. 중화 제국의 특징은 다음과 같다.

① 비교적 강수량이 많고, 지하수도 이용할 수 있기 때문에 농업 경영 규모가 작았다 → 대규모 치수 관개가 결여되었다.

② 강력한 유목 세력이 몽골 고원에 존재하고 그 진격을 막기 위한 자연의 장애물이 없었다 → 농업사회가 대규모로 통일되고 군사력을 강화해야만 했다.

③ 고유의 천명사상에 따라 제국의 지배자는 하늘의 신(천제)의 의지로 바꿀 수 있다(역성혁명)고 생각되었다 → 중앙집권적인 정치 시스템이 재생산되

었다.

④ 넓은 지역에 걸쳐 농업 부족을 지배하기 위해 많은 관료가 이용되었다.

넓은 중국에서는 지방마다 언어가 다르고 통일되지 않았지만(현재 베이징어, 상하이어, 푸젠어, 광둥어 등이 존재한다) 관료들이 사용하는 정치적인 문자 '한자'가 넓은 지역을 통합하는 데 큰 역할을 담당했다.

보리 문명인 이집트, 메소포타미아, 인더스에서는 상인이 소통하기 위해 만든 간단한 표음문자(알파벳)가 널리 퍼졌지만, 중화 세계에서는 관료라는 특권 계층에서 사용한 한자·한문이 각지를 연결했다. 그래서 어려운 문자를 구사하는 관료가 지배층이 되었다.

유목 세력과의 숙명적인 사투가 초래한 상황

진秦나라(기원전 221~기원전 206)는 중화 제국의 원형을 만들었다. 진나라의 왕 정政은 '전국칠웅'이라 불렸던 영역국가를 차례로 병합해 기원전 221년에 통일 제국을 성립하고 시황제라 칭했다.

그는 전설의 삼황오제의 덕을 지니고 천제의 대리인으로서 천하를 지배하는 권한을 부여받았다고 해서 '황제'라 칭했다. 시황제는 스스로의 의지를 명문화한 법률을 전국적으로 시행하고, 문자, 통화, 도량형, 차축의 폭 등을 통일했다. 그리고 영토 전체를 직할지로 만들고, 중앙집권적인 관료 기구를 통해 지배했다(군현제). 영토 전체가 재편되면서 중앙에서 관료가 파견되었다.

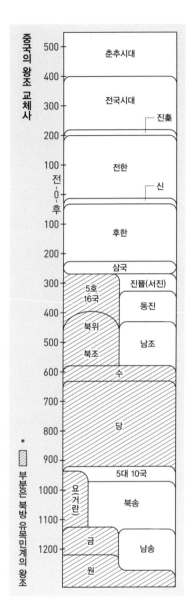

중국의 왕조 교체사

500	춘추시대
400	전국시대
300	
200	진秦
전 100	전한
0	신
후 100	후한
200	삼국
300	5호16국 / 진晉(서진)
400	북위 / 동진
500	북조 / 남조
600	수
700	당
800	
900	5대 10국
1000	요(거란) / 북송
1100	
1200	금 / 남송
	원

* ▨ 부분은 북방 유목민계의 왕조

진나라는 전국시대의 연, 초 등이 유목민의 침입을 막기 위해 쌓은 방벽을 이어서 만리장성을 쌓았다. 그리고 이것을 농업 제국과 유목 제국의 경계로 삼고, 스키타이인의 기마기술을 받아들인 몽골 고원의 강대한 유목 제국 흉노에 맞섰다. 황하 유역의 농업 제국과 몽골 고원의 유목 제국 간의 대결이 일관적으로 반복되었기 때문에 진나라를 이어받은 중화 제국은 강대한 농업 제국을 유지해야만 했다.

그러나 그 대가는 작지 않았다. 군사력 강화와 전쟁으로 농민에게 과중한 부담을 지운 제국은 억압된 민중의 봉기로 주기적으로 멸망했다. 진나라도 농민 반란으로 시황제 사후 머지않아 멸망했다.

한족이 아닌 유목민의 제국이 이어지다

중화 세계에서 왕조는 곧 부족 지배이기 때문에 왕조의 교체라는 형태로 부족의 흥망성쇠가 반복되었다. 400년 동안 이어진 한나라에서 최전성기는 전한의 무제시대(재위 기원전 159~기원전 87)였지만, 유목민인 흉노와 오랫동안 전쟁을 치르면서 농민이 몰락하고 지방 호족이 대두했다.

그 결과 한나라는 3세기에 멸망한다. 그 후 위·촉·오의 호족 연합이 싸우는 삼국시대(220~280)를 거쳐, 5호라 불리는 유목민이 침입한 5호16국시대(304~439), 남북조시대(439~589)가 이어진다.

결국 패권을 장악한 것은 유목계인 선비족이 세운 북위였다. 선비족은 한족 부호에게 농지를 빼앗아 균전제를 실시하고, 그것을 토대로 한족 호족과 연계해 수(581~618), 당(618~907) 왕조를 수립했다. 수나라와 당나라는 유목계 선비족의 왕조였다.

그 후 송·남송·명이라는 농경민 한족 왕조가 성립되지만 북쪽 유목민의 군사력이 압도적으로 우세해 몽골족의 원, 만주족의 청이 농경지역과 유목지역을 아울러 지배하는 대제국을 수립했다.

자존심이 강한 한족은 왕조 교체의 역사 가운데 유목민의 왕조도 편입하는 것으로 체면을 유지하려고 했지만, 앞에서 말했듯이 유목민인 선비족, 몽골족, 만주족이 오랜 기간에 걸쳐서 중화 세계를 지배한 것이 사실이다. 위진남북조 이후 중화 세계에서는 전반적으로 북쪽 유목민이 우세했고, 강남의 습윤지대는 북쪽의 군사적인 패권을 받아들일 수밖에 없었다.

제3장

아바스 왕조에서 시작된
유라시아 경제의 일체화

1
불모의 아라비아사막에서
탄생한 이슬람교

아라비아반도 통일의 구심점이 된 이슬람교

7세기, 600년 이상 군사 대립을 이어온 로마 제국(비잔틴 제국)과 페르시아 제국(사산조 페르시아)이 함께 쇠퇴하고 건조지대에도 질서 재편의 시기가 찾아왔다. 군사력을 중심으로 여러 부족이 서로 싸우는 시대였다. 군사력으로 신흥 세력이 대두할 수 있는 군웅할거의 시대에는 사막 주변이나 초원에서 신흥 부족이 이름을 드러냈다.

　서아시아에서 가장 건조하고 불모의 사막이 대부분을 차지하는 아라비아반도의 아랍 유목민은 질서를 재편했다. 우연히 이 시기에 구심점이 되는 일신교, 즉 이슬람교가 창시되어 200명 정도의 교도로 이루어진 교단(움마)으로 많은 유목 부족이 결합되었다. 우연의 연속이었다. 이처럼 세계의 전환은 갑자기 발생하는 것이 아니라 많은 사상, 사건이 만들어내는 흐름에 따라 일어난다.

아라비아반도에서 일어난 큰 변동은 다음과 같은 과정으로 이루어졌다.

① 비잔틴 제국과 사산조 페르시아의 전쟁이 심화되자 상인은 낙타의 등에 실은 상품(재산)의 손실을 피하기 위해 시리아에서 아라비아반도 서안(헤자즈)을 경유하는 우회로를 이용하게 된다.
② 상인과 결탁한 아라비아반도의 부족 사이에 빈부 격차가 확산된다.
③ 메카에서 시리아와 교역하던 상인 무함마드가 이슬람교를 창시한다.
④ 아라비아반도의 부족 간 투쟁에서 우위에 서기 위해 여러 부족이 이슬람교단과 결합한다.

무함마드(570년경~632)는 유대교의 영향을 받고 바로 앞으로 다가온 최후의 심판 전 '최후의 예언자'로 칭하고 이슬람교를 창시했다. 무함마드가 귀의를 바란 유일신 알라는 유대교의 야훼, 기독교의 예수와 같이 사막의 전능한 신이었다.

무함마드는 40세(당시 아라비아반도에서 인생은 40년이라고 여겨졌다)를 넘기고 나서 이슬람교단을 조직했지만, 20년 동안 400명 정도의 신도밖에 확보하지 못했다.

그러나 당시 아라비아반도의 사회 규모(한 부족이 200명 정도)로 보면 무함마드의 교단은 비교적 대규모 세력이었고, 그러한 이유로 많은 부족장은 무함마드와 결탁하기를 원했다. 630년 무함마드는 카리스마와 정치력을 발휘해 아랍 유목민을 교단 중심으로 통합하고 메카를 무혈 점령하며 아라비아반도 지배를 실현한다.

아라비아반도에 권위를 확립한 무함마드가 갑자기 세상을 떠나자 혼란을 피하기 위해 교단은 사도(정치적 지도자) 무함마드의 후계자로 '칼리프'를 정하고 지배를 위임했다. 그리고 무함마드가 전한 신의 말씀을 《코란Koran》('읽어야 할 것'이라는 의미)으로 정리하고, 신앙의 근거로 삼았다.

아랍 유목민의 대정복운동

교단의 분열을 막기 위해 칼리프는 아랍 유목민의 정복 활동을 조직하고 부를 얻으려 했다. 최초의 목적지는 사막의 상업 중심지였던 시리아의 다마스쿠스였다. 때를 잘 맞춘 다마스쿠스 정복은 크게 성공했고, 막대한 전리품을 얻어 군사 활동에 탄력이 붙었다. 교단의 정복 활동은 비잔틴 제국의 이집트, 시리아를 포함한 지중해 남부까지 이르렀고, 이때 사산조 페르시아도 멸망시켰다.

아랍 유목민은 약해진 두 제국이 형성한 세계 질서를 단숨에 무너뜨려 없애버렸다. 비잔틴 제국은 석유를 사용한 화염방사기 '그리스의 불'로 겨우 콘스탄티노플과 나라를 지켰지만, 지중해 상업의 지배권은 이슬람 세력으로 옮겨갔다.

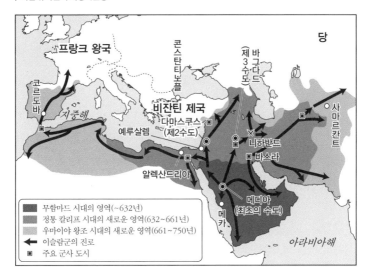

아랍 유목민의 군사 정복 활동(대정복운동)은 '지하드(성전)'라는 종교적인 모습으로 이루어지며 7~14세기까지 이어져 '유목민 폭발의 시대'가 개막되었다. 7세기 이후에는 아라비아반도 유목민이, 11세기 이후에는 중앙아시아의 튀르크인, 몽골족이 그 주역이었다.

아랍 유목민의 대정복운동 과정은 다음과 같이 정리할 수 있다.

① 636년에 일설에는 20만 명이라고도 하는 비잔틴 제국(395~1453)의 대군을 격파하고 다마스쿠스를 정복했다. 642년에는 곡창지대 이집트도 정복하고 리비아 동부까지 진출한다. 지중해 남부를 이슬람 세계로 편입했다.

② 637년에 이슬람군은 사산조 페르시아 군대에 압승을 거둔 후, 이라크 남

부를 지배권으로 편입시켰다. 사산조 페르시아의 왕은 수도를 버리고 이란 고원으로 도망쳤다.

③ 642년에 사산조 페르시아는 니하반드에서 최후의 반격을 시도했지만 참담하게 패배하고, 651년에 왕이 살해되면서 멸망한다.

아랍인은 사막 주변에 거점이 되는 군사 도시(미스르)를 구축하고, 그곳에서 전쟁을 준비했다. 칼리프는 원정 사령관을 임명하고 모든 것을 맡겼다. 전리품은 모두 화폐로 교환되어 5분의 1을 칼리프에게 보내고 나머지는 군사들에게 분배했다.

아랍인 유력 부족이 각각 지배한 정복지에서는 전통을 존중하고 지즈야(인두세)와 하라지(토지세)를 세금으로 징수했다. 제국은 이질적인 사회가 모자이크 모양으로 조합된 결합체였다. 아랍인은 북쪽의 커다란 농경 사회(서아시아·이집트)에도 영향을 받았다.

대정복운동으로 약 130만 명의 아랍인이 불모의 아라비아반도에서 시리아, 이집트, 이라크, 이란으로 이주했다. 같은 시기에 이슬람력이 사용되고 신의 계시를 집대성한《코란》이 편찬되면서 이슬람 사회의 기반이 다져졌다.

수니파와 시아파의 다툼, 아바스 왕조의 성립

아랍인의 군사 정복 활동으로 성립된 우마이야 왕조(661~750)는 '유력 부족의 연대'라는 전통적인 방법으로 통치되었다. 이슬람교는 부족 지배를 강화하는 수단으로 이용되었다.

661년에 제4대 칼리프 알리(예언자 무함마드의 사촌형제이자 무함마드의 딸인 파티마의 남편)가 암살되고, 알리의 두 아들인 하산과 후세인이 시리아 총독 무아위야와 싸우다가 사망하자 칼리프의 지위는 우마이야가(무아위야의 일족)에게 독점되었다. 이후 알리를 추대하고 알라 앞에서 신도의 평등을 요구하는 세력(시아파)이 유력한 유목 부족을 중심으로 한 보수파(수니파)의 군사력에 눌렸다.

그 결과 시리아의 다마스쿠스를 지배하는 유력 부족 우마이야가가 돌아가면서 칼리프를 하는 우마이야 왕조가 창건된다. 우마이야 왕조는 그 후 중앙아시아에서 이베리아반도로 영토를 확장한다.

우마이야 왕조는 우마이야가를 중심으로 한 부족 연합의 제국이었다. 하지만 많은 피정복민이 이슬람교로 개종하자, 교도들의 평등을 주장하는 종교와 아랍인 유력 부족의 특권을 우선시하는 체제 사이에서 모순이 커지고 치안이 악화되었다.

도시에서 비아랍계 개종인의 봉기가 이어지는 가운데, 이란 동북부에서 시아파 세력의 지지를 얻은 아바스 왕조(750~1258)가 우마이야 왕조를 무너뜨리고 그 중심을 이라크 지역으로 옮긴다.

2
상업으로 육지 세계를
통합한 아바스 왕조

신도시 바그다드로 이동하다

우마이야 왕조에서 아바스 왕조로의 전환은 단순한 정권 교체에 머물지 않았다. 그 과정에서 육지 세계에 커다란 전환이 일어났다.

아랍인 유력 부족의 결합을 통한 지배가 민족, 부족에 연연하지 않고 이슬람교라는 종교를 통한 결합으로 바뀌고(아바스 혁명), 아랍인과 페르시아인의 협조 체제가 실현된다. 그 결과 군사력으로 선점하는 '정복의 시대'가 이슬람교의 국제질서 속에서 '경제의 시대'로 전환된다.

제국의 중심지가 지중해와 연결된 시리아에서 인도양과 연결된 이라크로 이동하면서 인도양이 세력권에 편입되자 이슬람 경제는 단숨에 확장되었다. 시리아와 이라크는 거리는 가깝지만, 중심지 이동이 가져온 변화는 컸다. 경제의 중심이 '건조한 바다' 지중해에서 건조지대와 습윤지대를 잇는 동아프리카, 서아시아, 인도, 동남아시아, 중국 남부를 연결하는 인도양으로 전환되면서 제국은 육지와 바다를 아우르는 커다란 상업권으로 바뀌었다.

아바스 왕조 제2대 칼리프 만수르(재위 754~775)는 10만 명 정도의 노동력을 동원해 4년에 걸쳐서 이라크에서 티그리스강과 유프라테스강이 만나는 교통의 요지에 새로운 수도 바그다드를 건설한다.

바그다드는 원형의 요새로, 기본적으로는 군사·정치의 중심지였지만, 인도양과 내륙의 통상로를 잇는 국제 상업도시로 성장했다.

유라시아와 아프리카를 잇는 빈번한 동서 교류

많은 상품이 모이는 바그다드는 동시에 다양한 문명이 오가는 국제 문명도시가 되었다. 건조지대의 이질적인 여러 문명이 '모든 것은 알라가 만든 것'이라는 생각 아래 통합되었다.

9세기에는 칼리프 마문(재위 813~33)이 학교·도서관·번역소 등으로 이루어진 지혜의 관(바이트알히크마)이라는 연구 시설을 설치했다. 그는 네스토리우스파 기독교도를 시켜 그리스어 문헌을 아랍어로 번역하게 했고, 이 작업이 조직적으로 이루어졌다.

한편, 인도 수학과 대수학, 중국 연단술煉丹術의 영향을 받은 연금술, 유럽 문명에 크게 영향을 받은 의학, 철학 등 우수한 학문이 통합되었다.

많은 인구가 바그다드, 바스라 등 대도시에 집중되자 식량을 확보하기 위해 이라크 남부(사와드)의 농업 생산이 부흥했다. 또한 쌀이나 사탕수수, 오렌지, 레몬, 면화 등은 인도에서 들여왔다. 아프리카 동쪽 연안에서 '잔지'라고 불리는 흑인 노예를 사들여 밭에 퇴적된 염분을 제거하는 일을 시키고 대농장을 경영했다.

무슬림 상인은 범선, 낙타, 말을 이용해 유라시아 대부분과 아프리카 대륙을 연결했다. 9세기에는 이슬람 상권이 지중해와 인도양·남중국해를 잇는 장대한 바닷길, 북아프리카·이집트·비잔틴 제국·러시아·서아시아·실크로드를 연결하는 육로 등을 축으로 '장대한 관계'를 만들어냈다.

남북의 모피 교역에서 활약한 바이킹과 유대인

양잠 기술이 서아시아로 확산되어 비단이 저렴해지자 그 대신 북쪽의 삼림산 모피가 새로운 사치품이 되었다. 9~10세기에는 이슬람 상권과 러시아와 발트해의 바이킹 사이에서 상업이 대규모로 성장했다. 신흥 모피 교역은 건조지대의 남과 북을 잇는 거대한 경제권을 형성했다. 이로 인해 유라시아 경제는 단숨에 확장되었다.

사막의 무슬림 상인에게는 수목이나 잡초가 무성한 삼림을 헤치고 들어가 모피를 이용하기 좋은 짐승을 잡을 담력도 기술도 없었다. 사막의 수완가도 삼림이 무서웠다.

이슬람 사회에서 모피 수요를 증가시킨 것은 발트해의 가장 깊은 곳에 있는 스웨덴계 바이킹 상인이었다. 러시아는 겨울에 내린 눈이 많은 하천을 만들어 발트해·흑해·카스피해가 여러 강으로 이어지는 '강의 나라'다. 바이킹은 발트해에서 바닥이 낮은 바이킹선으로 강을 따라 모피, 꿀, 노예 등을 사서 카스피해로 흘러가는 볼가강을 이용해 모피를 초원지대로 운반했다.

카스피해 북쪽 연안의 볼가강 하구에 위치한 튀르크계인 하자르 한국이 모피 거래의 중심지가 되어 소그드 상인, 유대인 상인 등 많은 상인이 모여들었다. 특히 유대인 상인은 유능하게 주도권을 발휘했다. 하자르 한국은 유대교를 국교로 삼고 유대인 상인을 끌어모았다.

발트해-러시아-카스피해를 다니는 바이킹은 슬라브인에게 '루스족(배를 젓는 사람)'이라 불렸고, 그것이 '러시아'의 어원이 되었다고 한다. 루스족은 나중에 비잔틴 제국과 교역하면서 번영했고 키릴 문자와 그리스 정교를 받아들여 러시아의 토대를 형성한다.

모피 교역으로 바이킹이 얻은 은화는 중량 화폐로 북유럽·동유럽에서 유통되어 화폐 경제를 발전시켰다. 바이킹의 무덤에서는 실크로드를 중심으로 소그드 지방에서 만들어진 20만 장이 넘는 은화가 출토되었다. 사막의 소그드 상인도 모피 교역에 진출했던 것이다.

한편 아프리카 서수단에서는 대량의 금도 매우 저렴했다. 무슬림 상인은 사하라 사막을 종단해서 수단의 니제르강의 크게 굽은 부분에 이르러 사하라 사막에서 찾아낸 암염·직물·일용품 등과 교환해 대량의 황금을 거래했다. 이것이 사하라 종단 무역이다.

'신드바드의 모험'을 탄생시킨 광대한 바닷길

아바스 왕조에서 두드러지는 경제적인 사건은 계절풍을 이용해 인도양·남중국해로 상업을 시작한 것이었다. 무슬림 상인, 페르시아

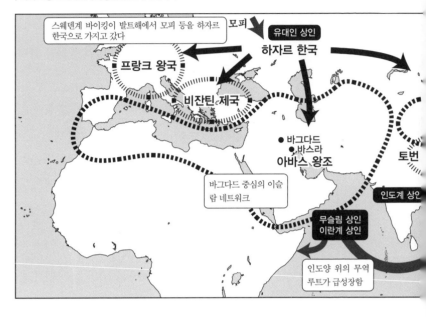

스웨덴계 바이킹이 발트해에서 모피 등을 하자르
한국으로 가지고 갔다

모피

유대인 상인

하자르 한국

프랑크 왕국

비잔틴 제국

토번

바그다드
바스라
아바스 왕조

바그다드 중심의 이슬
람 네트워크

인도계 상인

무슬림 상인
이란계 상인

인도양 위의 무역
루트가 급성장함

상인, 인도 상인, 말레이 상인, 나중에는 중국 상인도 참여하는 '아시
아의 대항해시대'가 시작되었다. 그러나 해역이 유라시아 남쪽 가
장자리에 한정되어 있었기 때문에 세계적으로 육지에서 바다로 역
사가 전환되는 움직임까지 연결되지 않았다.

높은 돛대와 거대한 삼각돛이라는 특색이 있고, 배의 널조각을
야자나무 섬유로 잇고 타르나 유지 등으로 틈새를 채워 침수를 방
지한 이슬람 세계 특유의 다우선이 페르시아만과 동아프리카, 페르
시아만과 인도, 동남아시아, 중국 연해 등을 연결했다.

주목해야 할 점은 정기적으로 풍향이 바뀌는 계절풍이 부는 아라

비아해, 뱅골만, 아시아의 다도해로 불리는 남중국해 등을 연결하는 정기 항로가 출현했고, 전체 약 900킬로미터 길이의 믈라카 해협을 경유해 당나라로 가는 항로가 개척되었다는 것이다.

편도 1년, 왕복 2년의 일정으로 페르시아만의 바스라, 시라프, 우불라에서 당나라의 광주로 가는 직항 항로가 일상화되었다.

실크로드와는 비교도 안 될 만큼 대량의 물자를 운반할 수 있는 항로가 출현하면서, 유라시아에서 대량의 물자가 오가게 되었다.

아바스 왕조의 최전성기에 편찬된 단편집《천일야화》(아라비안나이트)에 실린 〈뱃사람 신드바드의 모험〉은 이후《로빈슨 크루소》,《걸리버 여행기》등의 모델이 되는데, 이야기에 등장하는 모험심 넘치는 뱃사람의 모습은 당시 바다 상인의 활황을 반영하고 있다.

이슬람 세계의 항해사들은 '카마르'라는 간단한 도구를 사용해 북극성과 지평선을 측정하고 배의 위치를 확인하는 한편, 몬순(계절풍)을 이용해 항해했다. 천체 관측으로 위치를 확인하는 방법은 마치 사람이 없는 사막을 여행할 때와 같았다.

제4장

몽골 제국은 어떻게
유라시아의
패권을 장악했을까

1
대초원에서 시작된
육지 세계의 재편

유목민 튀르크인, 이슬람 세계를 빼앗다

11세기 중앙아시아 대초원의 유목민 튀르크인이 이슬람 세계를 제
패하자, 육지의 세계에 새로운 조류가 생겼다. 아바스 왕조는 10세
기가 되자 국제 상업의 성장으로 빈부의 차이가 확대되면서 수니
파와 시아파의 다툼이 격화되어 쇠퇴기로 들어간다. 이후 시아파에
의해 이집트에 파티마 왕조, 바그다드에 부와이 왕조와 같은 정권
이 수립되었고, 사회정세는 악화일로를 걸었다.

　부유한 수니파의 지배층은 실크로드의 상인에게 중앙아시아의
유목민 튀르크인의 자제인 맘루크(군사 노예)를 대량으로 구입해 세력
을 유지하고자 했다. 일시적으로 튀르크인 용병의 채용은 효과를

거두었지만, 곧 군사력으로 이슬람 세계를 제압하려는 튀르크계 부족의 움직임을 유발한다.

튀르크인인 셀주크 부족은 부족들을 이슬람교로 개종시킨 후, 바그다드로 군사를 진출시킨다. 칼리프를 무력화시킨 시아파의 부예조를 멸망시키고, 아바스조 칼리프에게 세속적 지배자인 술탄의 지위를 획득하면서 셀주크 왕조(1038~1157)를 연다.

아랍인 칼리프는 튀르크인을 군사로 이용하려고 했지만, 결국은 왕조를 빼앗겼다. 셀주크 왕조는 제국 각지의 징세권을 '합법적'으로 빼앗았다. 그러나 부족의 관습이 이슬람 제국에 맞지 않았고, 튀르크인 사이의 이권 투쟁도 잇달았다. 튀르크인은 풍요로운 농경 사회에 안정된 질서를 구축하지 못했다. 이번에는 튀르크인 부족이 서로 싸우면서 이슬람 제국의 분열은 유라시아 서부로 확산되었다.

튀르크 부족은 동시에 약해진 비잔틴 제국 동쪽의 산악지대로 침입했고, 비잔틴 제국에 망국의 위기가 닥쳤다. 비잔틴 황제는 로마 교황 우르바노 2세(재위 1088~99)에게 지원을 요청한다. 교황은 성지인 예루살렘을 되찾기 위한 십자군을 조직한다.

이후 1096년에서 1270년까지 간헐적으로 십자군이 파견되었고, 그것을 지렛대로 이슬람 세력에 대항하는 교황 중심의 가톨릭 사회가 계속 형성된다.

유라시아 등뼈의 지정학적 우위

육지의 세계에 커다란 변화를 가져온 것은 중앙아시아 대초원에 등장한 유목민이었다.

헝가리 초원에서 킵차크 초원, 몽골 고원을 거쳐 만주 평원에 이르는 동서 8,000킬로미터의 대초원은 지정학적으로 중요한 지역으로, 강력한 기마 군단이 출현한다면 건조지대와 그 주변을 지배할 수 있다. 대초원은 이슬람 세계, 중화 세계, 러시아를 잇는 '유라시아의 등뼈'이고, 대초원의 서쪽은 튀르크인, 동쪽은 몽골족이 활약하는 무대였다.

늦게 등장한 몽골족은 ①유목 튀르크인의 진출에 따른 이슬람 세계의 혼란, ②만주족(중국의 동북지방)이 건국한 금이 북쪽을 정복하고, 남송을 신하로 복속시킨 일로 혼란해진 중화 세계, ③우크라이나에 건설된 키예프 공국의 약화라는 조건을 이용해 유라시아의 통합을 완수했다.

유라시아 지방 부족의 대부분을 통합한 대제국의 성립은 유라시아 세계라는 공간을 구체화한 큰 사건이었다. 기원전 3,000년부터 이어져온 농경민, 유목민, 상업민으로 이루어진 커다란 세계의 대부분이 대제국으로 통합되었다. 한편 동서 교류의 확대로 변경에 위치한 유럽인의 세계인식이 확장되면서 육지 세계에 대한 관심이 강해졌다.

강력한 기마 군단으로 유라시아를 통일한 몽골족은 주력군을 몽골 고원에 남기고, 수차례 군사 정복으로 세 개의 세계를 정복해 몽골 제국(1206~14세기)을 세운다.

몽골 제국은 몽골족을 중심으로 한, 각지의 유목 부족의 연합체(이익공동체)다. 즉, ①몽골 고원, 중국, 만주 ②이슬람 세계 ③중앙아시아 ④러시아 등 네 지역이 복합된 형태다. 이 네 지역에는 각각 원, 일한국, 차가타이 한국, 킵차크 한국이 건설되었다.

2
칭기즈 칸이 이끈
팍스 몽골리카의 길

카리스마 지도자와 기마군단이라는 최강의 조합

몽골 제국의 패권은 기본적으로 몽골 부족을 중심으로 한 유라시아의 여러 부족을 통합해 확립되었다. 역사학자 스기야마 마사아키杉山正明는《몽골 제국과 오래된 그 후モンゴル帝國と長いその後》에서 몽골어로 부족, 인간 집단을 가리키는 '울루스'가 몽골 제국을 설명하는 데 유효하다고 지적한다.

울루스는 토지, 영토의 의미보다는 인간의 무리 즉, 부족을 가리킨다. 제2대 오고타이 칸(재위 1229~41) 이후 지배자는 칸(대칸)이라 칭하게 되는데, 몽골 제국의 실태는 대칸 아래에 복수의 칸이 이끄는 이중구조의 다원복합체였다고 한다.

이러한 부족의 복합체는 강력한 군사력에 의해 출현했다. 어려서 부모를 잃은 테무친은 전투를 거듭하면서 40대가 되어서 몽골 고원을 통일했지만, 그 과정에서 부족을 기반으로 하는 집권적인 전투 집단을 형성했다.

1206년에 테무친은 칭기즈 칸(재위 1206~27)이 되어 금의 군사제도를 모방한 천호백호제를 도입하고 95개의 천호 집단으로 몽골족을 다시 조직했다. 유목사회는 카리스마를 갖춘 유능한 지도자의 등장으로 많은 부족이 결합되고 확대되었다. 게다가 강대한 기마군단까지 갖춰 '호랑이의 날개'를 단 셈이었다.

몽골 고원을 통일한 칭기즈 칸은 강력한 기마군단을 이끌고 동투르키스탄의 상업권을 지배하는 티베트계의 서하와 전쟁을 벌이는 한편, 중앙아시아 서부를 지배하는 튀르크계 호라즘 왕국과 협정을 맺고, 몽골족의 상권을 확대하고자 했다.

유목민이 풍요로워지려면 상업민을 보호해서 수입을 얻는 것이 빠른 길이다. 그러나 서아시아에서 칭기즈 칸의 지명도는 모자랐다.

체면이 깎인 칭기즈 칸이 움직였다

지금도 그렇지만 건조지대에서는 권력이 군사력과 결합하기 때문에 카리스마 있는 지도자의 체면이 무엇보다 중시되는 경향이 강하다. 지배자가 강력하지 않으면 부족적(가부장적) 지배는 성립하기 어렵다.

터키의 케말 아타튀르크, 소련의 스탈린, 중국의 마오쩌둥, 러시아의 푸틴, 중국의 시진핑 등 체면에 연연하는 지도자는 일일이 열거할 틈이 없다. 강대한 군사 지도자가 계속 지배해온 건조지대의 역사적 특징이다.

몽골 제국도 마찬가지였다. 칭기즈 칸의 체면이 더럽혀진 사건이 있었는데, 이는 제국 형성의 첫걸음이 된 원정으로 이어졌다.

1218년 칭기즈 칸은 건조지대 동부의 상업 지배를 안정시키기 위해 중앙아시아의 신흥 세력인 튀르크계 호라즘 왕국(1077~1221)에 450명의 이슬람 상인으로 구성된 사절단과 낙타 500마리에 선물을 싣고 함께 파견했다.

그런데 칭기즈 칸의 사절단이 오트라르라는 마을에 들어가자 총독이 사절단에게 밀정 혐의를 씌워 살해하고, 선물을 빼앗는 사건(오트라르 사건)이 일어났다. 칭기즈 칸이 이 사건에 항의하자 재차 파견한 사절단도 수염을 잘리고 쫓겨났다. 건조지대에서 수염을 잘린 일은 최대의 굴욕이었다.

칭기즈 칸은 체면을 지키기 위해 원정군을 파견할 수밖에 없었다. 오트라르 총독의 우발적인 충동이 몽골족의 유라시아 패권 장악의 도화선이 되었다. 결국 몽골군은 1221년에 호라즘 왕국을 멸망시켰다.

그 후 칭기즈 칸은 서하(1038~1227)를 멸망시킨 시점에서 세상을 떠난다. 중앙아시아의 대초원과 실크로드를 지배한 시기에 칭기즈 칸은 삶의 종지부를 찍었지만, 그의 사후 몽골족은 초원에서 대규모 기마 군단을 계속 내보내 이슬람 세계의 동부, 중화 제국, 러시아를 정복하고 건조지대를 하나로 통일하는 대제국을 구축했다.

4대까지 유라시아에서 이슬람 세력을 구축하다

몽골 부족은 대초원 남부의 아바스 왕조와 금, 북쪽의 러시아를 단계적으로 정복하고 각 지역에 몽골족을 중심으로 한 통합관계를 형성했다. 몽골족은 이슬람 세계, 중화 세계, 러시아로 이어지는 대초원의 지정학상 우위를 최대한 활용했다.

제2대 황제 오고타이 칸(재위 1229~41)은 러시아의 키예프 공국과 중국 북부의 금나라를 정복하고 유라시아 전체를 지배했다.

몽골 고원에는 새로운 수도 카라코룸이 건설되었고 대초원에는 약 40킬로미터마다 역참을 설치해 역전제를 정비하는 한편, 몽골 고원과 서쪽의 킵차크 초원의 결합을 강화했다. 칸의 특사는 하루 밤낮에 450킬로미터의 속도로 대초원을 질주했다.

제4대 황제 몽케 칸(재위 1251~59)은 아바스 왕조의 수도 바그다드를 철저하게 파괴하고, 아프리카 북부를 제외한 이슬람 세계를 제국에 편입시킨다. 이렇게 '팍스 이슬라미카'의 시대가 끝나고 '팍스 몽골리카'의 시대가 시작되었다.

바그다드 함락 때에는 7일 동안 철저한 약탈과 학살이 이루어져 80만 명이 목숨을 잃었다고 아랍 역사가는 전하고 있다. 이후 이슬람 세계의 중심은 이집트 카이로로 옮겨갔다.

3
쿠빌라이 칸이 시작한
원나라의 '일대일로'

군사 제국, 상업 제국으로 변신하다

이슬람 제국과 마찬가지로 유라시아의 여러 민족, 여러 부족을 통합한 몽골 제국도 역시 군사 제국에서 상업 제국으로 변신했다. 원나라에서 색목인이라 불린 다양한 민족이 지배층에 편입된 것에서 알 수 있듯이 몽골족은 민족의 차이에는 얽매이지 않고 능력과 재능으로 사람을 평가해 유라시아적인 세계 국가를 만들어냈다.

제5대 쿠빌라이 칸(재위 1260~94) 밑에서 17년 동안 관리로 일한 베니스 상인 마르코 폴로Marco Polo도 색목인이었다. 마르코 폴로의《동방견문록》은 몽골 제국이 건조지대를 일체화하기 위해 조직한 '잠치(역전제, 튀르크어로는 '얌')'에 대해서 다음과 같이 기록했다.

한팔리(대도, 현재의 베이징)에서 많은 도로가 사막의 여러 지역으로 통하고 있다. ……대칸의 사자가 한팔리를 출발해 이 길을 따라가면 25마일마다 한 여정의 역에 도착한다. ……이 역에는 항상 크고 훌륭한 여관이 있다. 여기는 대칸의 사자가 머무는 여관으로 비단 깔개를 펼친 중국식 침대나 그 외에 사자에게 중요하고 필요한 것은 모두 준비되어 있다. ……역에는 ……

상시 400마리 정도의 말을 길러서 대칸이 파견한 사자를 위해
준비되어 있었다. ……게다가 사자들이 길도 없고 인가도 여관
도 없는 것 같은 산악지대를 횡단할 때에도 그곳에는 대칸에
의해 역참이 건설되어 있고 여관도 있고 말도 마구도 다른 역
참에 있는 것과 같은 게 모두 준비되어 있었다.

무슬림 상인과 협력한 쿠빌라이 칸은 1279년에 남송을 멸망시
키고 중화 세계 전체를 제국으로 거머쥐었다. 이후 국호를 중국식

인 '대원大元'으로 바꿨지만 중화문명은 멸시했다. 그는 유라시아 규모로 초원길과 바닷길을 결합하고 일 한국의 타브리즈(현재 이란의 도시)와 원의 대도(현재의 베이징)를 중심으로 아시아의 원환 네트워크를 작동시켰다.

이는 현재 중국의 시진핑 정권이 주장하고 있는, 고속철도로 중국과 유럽연합EU를 연결하는 육지의 대동맥을 만들어, 연안부에 전략항을 확보해 아시아 각지와 유럽을 연결하는 해로를 지배하려는 '일대일로'와 똑같다. 아니, '일대일로'가 쿠빌라이 칸의 원환 네트워크를 그대로 본떠서 구상했다는 편이 정확할 것이다.

이후에 동아시아를 중심으로 몽골 제국을 모방한 청나라의 영토 대부분을 이어받은 중국이 맞설 상대인 러시아가 약체라는 조건을 살려 쿠빌라이 칸의 구상을 '일대일로'로 현재에 이어받았다고 할 수 있다. 즉, 육지의 세계를 제패하는 전략이다.

그러나 현재는 바다의 패권 시대를 거쳐 하늘의 패권 시대이기 때문에 그것만으로는 현대의 패권이 성립되지 않는다. 중국이 육지의 패권과 바다, 하늘의 패권을 단숨에 쌓아올리는 것은 가능할 것인가. 이에 대해서는 이 책의 11장에서 다루기로 하겠다.

육지의 통화는 은인데 원에서는 지폐였던 이유

무슬림 상인과 몽골 제국은 주고받는 관계였다. 부족과 도시·농촌을 연결하는 데는 전문가인 상인의 협력을 빼놓을 수 없다. 몽골의 우르스는 상업민에게 이권을 부여하면서 건조지대의 상권을 일체화하는 데 성공한다. 이곳은 무슬림 상인, 유대인 상인, 중국 상인 등을 교묘하게 이용했다.

그 결과 은이 공통 화폐가 되면서 유라시아 경제를 통합시켰다. 몽골족은 중화 세계에서는 지폐만 유통시켰다. 그러는 한편 중화 세계에서 대량으로 모은 은을 극심한 은 부족에 고민하고 있던 이슬람 세계로 환류시켜 이익을 얻었다.

쿠빌라이 칸은 원에서 동전 사용을 금지하고 지폐로 일체화한다. 저렴한 종이로 얼마든지 만들 수 있는 지폐는 몽골족의 합법적인 전략 수단이었다. 은 부족으로 고민하던 서아시아의 일 한국은 원에게 배워 지폐를 유통시키려고 지폐를 만들 직인을 원나라에서 초대했다. 하지만 상인이 반대해서 지폐 발행은 실패로 끝났다.

몽골의 패권이 세계에 미친 영향

초원길과 바닷길로 이루어진 아시아 원환 네트워크를 움직인 거대한 몽골 제국은 건조지대 주변에 강렬한 충격을 주었다. 여러 지역은 몽골 제국에게 유형·무형의 압력을 받고 전통 사회의 변화를 강요당했다. 몽골 제국의 압력에 따른 각지의 변화를 살펴보면 다음과 같다.

① **동아시아**

1259년에 한반도의 고려, 1279년에 남송이 멸망하고 동아시아가 몽골 세력의 지배를 받는다. 건조지대가 동아시아의 습윤지대(농경지대)를 삼켜버린 것이다. 바다로 둘러싸인 일본에는 남송 정복의 일환으로 대함대가 파견되었다. 마르코 폴로는 쿠빌라이 군의 일본 원정은 일본의 황금을 손에 넣으려는 것이 목적이었다고 기록했다. 결과적으로 일본은 몽골의 침입을 피했지만, 몽골의 공격에 대비한 대처가 지도급 무사 고케닌御家人에게 부담을 주었고, 은상恩賞을 줄 수 없었던 가마쿠라 막부는 1333년에 무너졌다. 한편, 몽골의 진출이 동아시아의 교류, 무역을 촉진시킨 점은 놓칠 수 없다.

② 동남아시아

몽골군은 1254년에 윈난 지역의 타이인의 대리국을, 1287년에는 미얀마의 바간 왕조를 정복했다(베트남의 쩐 왕조에는 세 번 원정을 갔지만 실패했다). 그 결과 인도차이나반도에서는 북부의 타이인이 남하해 일대 세력으로 성장한다. 타이족의 첫 왕조인 수코타이 왕조(1257~1350)가 북부에 건설되었고, 아유타야 왕조(1351~1767) 아래에서 타이족은 인도차이나반도의 중심 상업 세력이 되었다.

원나라 무슬림 상인의 거점인 천주에서도 자바섬에 대항하는 세력이 조직되어 싱가사리 왕조가 1292년에 멸망했다. 마자파힛 왕조(1293~1520경)가 성립해 수마트라섬을 중심으로 한 스리위자야 왕국(7세기~14세기)을 무너뜨리면서 믈라카 해협을 지배했다.

스리위자야 왕국이 마자파힛 왕조에게 멸망되었을 때 상업 귀족이 믈라카 해협 지역으로 이주하면서 상업 왕국 믈라카(15세기 초~1511)의 발흥으로 이어졌다. 13세기는 원나라의 충격으로 습윤지대인 동남아시아도 대변혁기에 들어갔다.

③ 이슬람 세계

서아시아가 몽골의 지배를 받으면서 '팍스 이슬라미카' 시대에 마침표를 찍었다. 일 한국은 제국의 수도를 이라크에서 초원길과 이어지는 이란의 새로운 도시 타브리즈로 이전했다. 타브리즈는 인구 100만 명의 큰 도시로 성장했다. 그러나 초원의 중심이 이동한 일로 서아시아는 쇠퇴하고, 이집트의 맘루크 왕조(1250~1517)의 수도 카이로가 새롭게 이슬람 세계의 경제 중심이 된다.

④ 러시아

몽골족에 의해 키예프 공국이 멸망하고, 볼가강, 드네프르강 수계의 여러 지역이 몽골족의 지배를 받게 되었다. 이후 200년 동안 몽골족과 튀르크인이 러시아를 지배한다. 러시아에서는 건조지대의 유목민에 의한 강권지배를 '몽골의 멍에'라고 부른다.

러시아인은 그리스 정교를 중심으로 결속했는데, 그 과정에서 현재로 이어진 러시아 사회의 모습 일부가 형성되었다. 또 카스피해 북쪽 연안에서 모피 거래의 중심이었던 하자르 한국이 멸망했다. 하자르 한국은 유대교를 국교로 했기 때문에 많은 유대교도가 폴란드, 리투아니아로 이주했다. 그들은 아슈케나짐이라고 불리는 동방 유대인의 기반이 되었다. 아슈케나짐의 대부분은 19세기 말부터 20세기에 걸쳐서 미국으로 대거 이주했고, 미국에서 현재의 지위를 구축하게 되었다.

4
북경으로 이어진
초원길과 바닷길

육지 세계의 인프라 정비

1260년에 쿠빌라이가 제5대 대칸이 되자 불만이 커진 제2대 오고타이 칸의 손자 카이두는 초원의 세 한국을 규합해 쿠빌라이에게 반기를 들었다. 카이두의 난(1266~14세기 초반)은 지도자 카이두가 죽는 14세기 초반까지 약 40년 동안 이어져 제국을 유목 세계와 농업 세계로 크게 분열시켰다.

킵차크 한국의 이반에 직면한 쿠빌라이는 중화 세계의 지배에 의존할 수밖에 없었다. 그는 비중을 남쪽으로 이동해 1279년에는 남송을 멸망시켰다. 쿠빌라이는 몽골 고원에서 허베이 평원으로 들어오는 장소에 중국식 제국의 수도를 건설하고 대도라고 이름 붙였다.

쿠빌라이는 마르코 폴로가《동방견문록》에서 "부하에게 인정받는 신민, 영토, 또 보배라고 한 것에 대해서 우리의 시조 아담의 시대에서 지금에 이르기까지 일찍이 그 유형을 본 적이 없는 강대한 권력을 수중에 넣고 있다"라고 말하고 있듯이 강대한 군사력을 배경으로 유목 세계와 농경 세계를 통합하고 지배했다.

또한 쿠빌라이는 불교도, 유대교도, 이슬람교도, 기독교도 모두 자신들의 제례에 참석하는 것을 허락하고, 여러 종교를 평등하게 존중하는 것으로 다문화의 공존을 도모했다.

몽골 제국은 이슬람 제국과는 달리 종교를 제국을 유지하는 수단으로 삼지 않고, 부족이나 지방의 전통을 인정하는 유목적인 전통을 지켰다. 이슬람교·기독교의 유일신과 불교·도교 등 다신교를 공존시키고, 부족을 통합해 패권을 유지했다.

쿠빌라이의 유라시아 지배 구상

마르코 폴로가 '한팔리'라 부른 원나라의 수도인 대도는 쿠빌라이가 한족을 위압하기 위해 25년의 세월에 걸쳐 건설한, 주위를 60리(약 35킬로미터)의 토성으로 둘러싼 대도시였다. 대도의 인구는 최전성기에는 100만 명에 달했다고도 한다.

대도는 세계의 중심으로서 자리매김했고, 그 정문인 남쪽이 건조지대의 초원길과 중화 세계의 대도로망의 기점이 되었다. 이렇게 유라시아와 중화 세계가 이어진 것이다.

몽골 제국의 간선도로에서는 잠치(역전)제가 정비되었고 중국 전역에서도 병부가 관할하는 약 1,400개의 잠치가 설치되었다. 중국의 도로는 유라시아 전체 도로망과 연결되어 있었다.

농민을 지배하는 일이 서툴렀고, 유통 분야의 세금을 중시한 원나라에서는 국고 수입의 약 80퍼센트를 소금 전매에서 얻었다. 소금 상인이 이익인 많은 소금을 손에 넣으려면 정부가 발행하는 염인鹽引이라는 허가증을 은으로 사서 그것과 소금을 교환하는 구조가 만들어졌다.

원의 수도 대도까지 이어진 바닷길

몽골 제국의 시대에는 인도양과 남중국해를 연결하는 몬순의 바다의 항로가 대만 해협을 거쳐 동중국해, 황해, 발해까지 이어졌다. 페르시아만의 호르무즈 해협의 작은 섬의 항구 호르무즈와 복건성의 천주가 바닷길의 거점항이 되었다.

인도양은 소형 다우선을 조작하는 무슬림 상인의 해역이 되었고, 동남아시아, 남중국해는 정크선을 조작하는 중국 상인의 해역이 되었다. 남인도의 클롱항을 경계로 다우선과 정크선이 나뉘어 살았다.

대도는 막대한 인구를 부양하기 위해 대량의 쌀을 강남의 곡창지대에서 운반해야만 했다. 이런 이유로 항주에서 북경을 향해 정기적으로 식량이 대량 운송되었다.

인도양, 동남아시아에서 향료, 향목 등을 대도로 옮기는 항로는 식량 운송로와 겹쳤다. 대도의 중심부에 설치된 적수담('여러 수원을 한곳으로 모은 호수'라는 의미)이라 불린 거대한 호수의 항구는 식량과 사치품으로 번성했다.

인도양 등에서 천주로 모여든 동남아시아·인도 등의 물산은 강남에서 온 대량의 미곡과 함께 동중국해·황해·발해의 항로를 거쳐서 직고直沽(현재의 톈진)에 이르른다. 그다음 백하를 거슬러 통주에 이르고, 그곳에서 50킬로미터의 통혜하라는 대운하를 통해 적수담으로 간다. 통혜하는 약 5.5킬로미터마다 하나씩, 모두 14개의 수문을 설치한 갑문식 운하였다.

제2부

바다의 패권과
영 제국

제5장

바다를 발견한 유럽,
대항해시대로
진출하다

1
유라시아를
대양의 섬으로 간주하다

'지구 이미지의 혁명'에서 바다의 시대로

15세기 중반에 시작된 대항해시대의 의의를 간단히 말하면, 유라시아의 아득한 저쪽에 유라시아 건조지대와는 전혀 다른, 광대한 바다의 세계가 발견되었다는 점이다.

서쪽에 위치한 대서양이 발견된 지 얼마 되지 않아 그 앞에 남북으로 긴 신대륙, 다시 그 앞에 태평양의 존재가 밝혀지면서 지표면의 70퍼센트를 차지하는 바다 세계가 알려졌고, '유일한 세계'였던 건조지대 중심의 세계상이 뒤집혔다. 유럽인들 사이에서는 유라시아를 넓은 바다에 떠 있는 섬의 하나로 간주하는 이미지가 퍼졌다.

이는 '공간혁명' 또는 '지구 이미지의 혁명'으로, 19세기 후반까지 이어져 바다로부터 세계 구조의 대전환을 일으켰다. 유라시아의 건조지대에서는 몽골 제국이 붕괴된 후에도 여전히 제국의 흥망이 반복되고 있던 점과 비교하면 유럽에서 먼저 지구관에 대한 전환이 이루어진 점은 명백하다.

대항해시대 이후의 대전환은 여전히 넓은 시야나 지구상의 혁신이 세계를 밑바탕부터 뒤엎는 것을 가리킨다. 현재에도 인터넷에 의한 가상공간의 팽창이 한창 새로운 '공간혁명'을 일으키고 있는 지구 재편의 시대라고 말할 수 있다.

세계를 통합하는 형태는 이처럼 달라졌다. '공간혁명'을 세계사적인 구조 전환으로 파악하는 것이 필요하다. 나는 현재만큼 시대를 앞선 비전에 기초한 교육의 변혁이 필요한 시대는 없다고 생각한다.

대항해시대에는 몽골 제국에서 발신된 중국에 대한 정보와 지팡구의 황금 전설에 주목했고, 대서양부터 중국 항로까지 개척하려는 크리스토퍼 콜럼버스Christopher Columbus의 모험 산업에 따른 새로운 시대의 막이 올랐다. 고대 이래 '신화의 바다'로 간주되어온 쓸모없는 대서양이 '서아시아의 중간 해역'으로서 재인식되면서, 결국은 유라시아에서 분리된 바다의 세계로 성장해, 세계사를 전환시키는 무대로서 재발견된 것이다.

그 후 반세기 동안 대서양의 바람 체계·해류가 밝혀지고, 아프리카 최남단의 희망봉, 남아메리카 최남단의 혼곶이 발견되었다. 이 3대양이 이어지면서, 단번에 바다의 시대로 전환되었다. 바다를 통해 각지의 습윤지대가 연결되었고, 신대륙과의 연결도 가능해져 건조지대 유일의 시대는 끝난다. 서유럽의 여러 나라는 대서양과 인도양, 태평양을 연결하고 신대륙을 식민화하는 과정을 통해 유럽을 확대한다.

대항해시대에서 밝혀진 바다가 대륙(섬)을 잇는 이미지는 바로 새로운 세계의 일체화에 공헌했다. 이후 19세기 말까지 500년 동안은 유라시아에서 '대양이 대륙을 연결하는 지구 규모의 세계'가 역동적으로 진행되어 세계를 일체화한다.

아시아에서 시작된 기술이 바다 세계를 확대했다

연안 항법에서 근해 항법으로 항해 방법이 전환되면서 바다 세계는 확대되었다. 다만 대항해시대의 주요 항해 도구나 항해 기술은 몽골 제국 시대에 아시아에서 유럽으로 이전된 것으로 유럽의 독자적인 기술은 아니다. 먼저 기존의 가로돛 대신 풍향의 변화에 대응할 수 있고 역풍에도 바람을 비스듬히 받으며 지그재그로 나아가는 항법으로 전진할 수 있는 세로돛인 삼각돛이 이슬람 세계에서 유럽으로 전해졌다. 삼각돛은 계절풍의 바다를 항해하며 발달한, 다양한 바람에 대응할 수 있는 훌륭한 돛이다.

배의 방위를 확인하는 나침반도 몽골 제국 시대에 화약과 함께 중국에서 전해졌다. 머지않아 이탈리아 여러 도시에서는 나침반의 방위를 써넣은 해도(포르톨라노)가 일반화되어, 종전의 '육지의 목표물'에 의존하는 연안 항법이 육지의 목표물에 의지하지 않고 망망대해를 항해하는 근해 항법으로 바뀌어갔다.

대항해시대에 뱃사람들은 항해할 때마다 방위를 측정해 해도를 그리고 바다의 길(항로)을 기록으로 남겼다. 그 결과 해도와 지도에 많은 항로가 축적되었다.

2
건조지대 제국의
팽창과 분열

몽골 제국을 재건하지 못한 티무르 제국

대항해시대 이후 유럽인의 지구관은 달라졌지만, 건조지대에서는 여전히 유목민이 건설한 제국의 흥망이 반복되었다.

몽골 제국이 붕괴된 이후, 각 지방은 자립했고, 유목민의 군사력을 활용해 또 다른 몽골 제국을 꿈꿨다. 즉, 넓고 큰 제국은 정상 상태였지만, 육지 세계의 구조 그 자체는 변하지 않았다.

14세기 유라시아에서는 몽골 제국을 재건하려는 티무르 제국(1370~1507)과 습윤지대인 강남을 중심으로 농업 제국 건설을 목표로 하는 명나라(1368~1644) 두 세력이 경쟁했다. 하지만 유목민에 의한 몽골 제국 재건의 꿈은, 용맹한 지도자였던 티무르가 세월과의 싸움에서 패했기 때문에 불발로 끝났다.

티무르는 이슬람 세계를 통합한 후, 1405년에 20만 명의 기마 군단을 이끌고 명나라 원정에 나섰는데, 이미 그는 스스로 말을 타지 못할 정도로 나이가 들었다. 결국, 명나라의 영락제(재위 1360~1424)와 일전을 벌이지도 못하고 티무르 제국의 영토 안에서 세상을 떠났다.

각지의 부족을 통합하는 전통적인 방법으로 단기간에 형성된 제국은 제국을 이끈 지도자의 죽음으로 분열되었다. 명나라도 ①몽골 세력의 부흥, ②상인의 대외무역을 금지하고 전통적인 농업사회를 정착시키기 위한 해금海禁 정책의 실패(대항해시대의 물결이 밀어닥쳤다), ③ 만주족의 대두 등으로 쇠약해져 17세기 중반에 대규모 농민반란이 일어나면서 멸망했다.

육지 세계의 네 제국

17세기에 유라시아의 건조지대에서는 오스만 제국, 러시아 제국, 무굴 제국, 청이라는 네 개의 제국이 창건되어 19세기까지 이어진다.

튀르크계인 킵차크족의 지배에서 벗어난 러시아 제국은 표트르 대제(재위 1682~1725)가 서구화를 추진한 이후 유럽과의 관계가 강화되었다. 인구의 3분의 2는 카스피해로 흘러드는 볼가강 유역에 거주했고, 유목민으로 구성된 기마군단 중심의 군대인 카자크가 제국

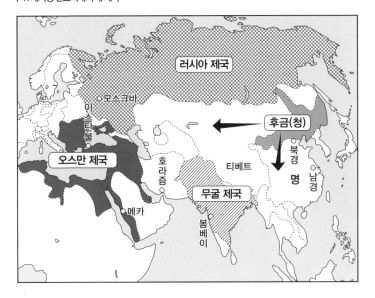

이 팽창하는 원동력이 되었다. 즉, 건조지대에서는 규모는 확대되었지만 이전과 같은 구조로 이루어진 제국이 지속되었다. 여러 제국의 흐름은 다음과 같다.

① 동지중해와 서아시아에서는 오스만 제국(13세기 말~1922, 1453년 비잔틴 제국을 멸망시킨다)이 세력을 확대하고, 동지중해의 상업을 지배했다. 그로 인해 르네상스를 지탱해왔던 이탈리아 여러 도시의 아시아 무역이 쇠퇴했다. 이탈리아의 제노바 상인은 포르투갈의 리스본에 거류지를 설치하고, 대서양으로 상권을 확장시키려 한다. 이는 대항해시대라는 새로운 움직

임으로 이어졌다.

② 유라시아 북부의 삼림지대에는 카자크를 군사력으로 활용하는 러시아 제국(로마노프 왕조, 1613~1917)이 성립되었다. 17세기에는 고갈된 모피 자원을 확보하기 위해 시베리아를 정복했다. 그 후, 카자크를 이용해 중앙아시아, 동유럽, 만주 등에서 정복 활동을 전개한다.

③ 중앙아시아에서 튀르크계 우즈베크인에게 쫓겨난 티무르 제국의 마지막 황제가 아프가니스탄으로 가서 인도를 정복하고 무굴 제국(1526~1858)을 창건했다. 다신교인 힌두교도를 이슬람교도인 튀르크인이 지배했다.

④ '제2의 칭기즈 칸'이라고도 할 만한 영웅호걸 누르하치가 건설한 후금을 기반으로 여진족이 몽골족과 손을 잡고 중국, 티베트, 서해, 신장, 내몽골 등을 정복하고 청나라(1616~1912)를 수립했다. 농경민과 유목민을 함께 지배한 청나라의 넓은 영토는 현재의 중국에 그대로 계승되었다.

3
새로운 세계를 인식하게 한
대서양과 태평양

작은 나라 포르투갈의 서아프리카 탐험

유럽을 블루오션(대서양)으로 이끈 세력은 이슬람교도와의 격렬한 종교전쟁(레콩키스타) 속에서 건국된 이베리아반도의 작은 나라[일본 면적의 약 4분의 1, 남한 면적의 0.92배—옮긴이 주], 포르투갈이었다.

독일의 역사 철학자 에른스트 카프는 세계사를 하천 단계, 내해 단계, 해양 단계 등 3단계로 구분하는데, 포르투갈은 유럽의 바다 역사를 내해 단계에서 해양 단계로 끌어올린 주역이었다.

포르투갈의 탐험은 아프리카 서안에 특화되었지만, 탐험이 진행됨과 동시에 예기치 않은 성과를 올렸다. 바르톨로메우 디아스 Bartolomeu Dias가 희망봉을 발견하면서 대서양이 인도양으로 연결된 것이다. 이처럼 세계사를 전환시키는 세력이 반드시 대국은 아니다.

스페인과 약 1,200킬로미터에 걸쳐 국경을 접한 인구 100만 명 정도의 포르투갈은 정략결혼으로 강국 스페인의 침략을 막는 방법밖에 없는 작은 나라였다. 포르투갈은 국토 면적의 7~8퍼센트만 농업에 이용할 수 있어서, 바다에 구원을 요청할 수밖에 없었다.

포르투갈을 대서양으로 진출시킨 중심인물은 '항해 왕'이라고 불린 엔히크(1394~1460)였다. 엔히크는 아프리카 내륙에 존재한다고 여겼던 기독교 왕국 '성 요한의 나라(프레스터 존의 나라)'와 협력해서 모로코의 농업지대를 정복하고자 했다. 포르투갈의 최남단 사그레스곶에 항해사 양성 학교, 조선소, 천체관측소를 만들고, 이탈리아인이나 이슬람교도인 뱃사람들을 초빙해 항해기술과 지리적 지식을 보유한 항해사를 양성했다.

엔히크는 기니 지방의 노예무역과 황금무역 등 사업을 벌여 이익을 얻었고 성과를 거두었다. 엔히크가 세상을 떠나자 항해 사업은 유력한 상인에게 위탁되었다. 한편 1488년, 항해사 바르톨로메우 디아스가 희망봉을 찾아내면서 인도 항로의 전망이 밝아졌다.

창업가 콜럼버스가 본 환상

대서양을 횡단하는 아시아 항로를 개척해 부를 축적하겠다는 야심을 품은 콜럼버스는 레콩키스타가 성공한 1492년, 스페인 여왕 이사벨을 찾아가 지원을 부탁했다. 지원을 얻어내는 데 성공한 콜럼버스는 곧바로 기함 산타마리아호와 두 척의 배에 나누어 태운 120명 정도의 선원을 이끌고 스페인 팔로스 항에서 출항했다.

선단은 카나리아 제도에서 순풍을 기다렸다가 북서 몬순을 타고 약 1개월을 항해하여 카리브해 가장자리에 위치한 바하마 제도의 과나하니섬에 도달했다. 중세 기독교적 사고방식을 가진 콜럼버스는 이 섬에 '산살바도르(신성한 구세주)'라는 이름을 붙였다.

카리브해를 '중국의 바다'라고 생각한 콜럼버스는 쿠바를 중국 대륙의 일부라고 오해하고, 뒤이어 히스파니올라섬을 지팡구[마르코 폴로의 《동방견문록》에 나오는 일본의 호칭 – 옮긴이 주]라고 단정했다. 결과적으로는 틀렸지만, 이 오해는 스페인과 유럽 세력의 신대륙 진출로 이어졌다.

콜럼버스는 네 번이나 항해했지만, 마지막까지 카리브해를 중국의 바다로 잘못 알았다. 대서양을 횡단해 아시아로 갈 수 있다는 꿈을 잃고 싶지 않았는지도 모른다.

콜럼버스의 공적은 아프리카 앞바다인 카나리아 제도에서 몬순을 이용해 카리브해에 이르렀고, 신대륙에서 멕시코 만류를 타고 유럽으로 돌아오는 간단한 대서양 횡단 항로를 발견한 것이다. 즉, 몬순과 최대 유속이 시속 9킬로미터인 멕시코 만류를 이용하면서 카리브해(지중해 다음 가는 면적의 내해)가 유럽의 일부분으로 인식되는 상황이었다.

그 후, 스페인 남부 안달루시아 지방의 스페인인, 개종한 유대인 (박해를 피해 기독교로 개종한 유대인) 등 많은 이주민이 몰려들면서 신대륙은 '제2의 유럽'으로 변모한다.

세계 일주에 성공한 마젤란

1519년 스페인의 카를로스 1세(재위 1516~56)는 향료 산지인 말루쿠 제도(향료 제도)에 이르는 항로를 개척한다는 목표를 세웠다. 포르투갈 왕실이 아시아와 향신료 무역으로 큰 이익을 얻은 것에 비해서 스페인은 신대륙에서 생각만큼 이익을 얻지 못했기 때문이다.

그래서 카를로스 1세는 푸거 가문(중세 독일의 부호. 금융가)의 투자를 받고, 동남아시아에서 향신료 무역을 했던 포르투갈인 항해사 페르디난드 마젤란Ferdinand Magellan을 고용했다. 마젤란은 모국 포르투갈에서는 푸대접을 받았지만, 스페인 왕실이 그에게 활약할 수 있는 기회를 주었다. 당시에는 아메리카 대륙을 아시아의 일부라고 생각해서 그렇게 힘든 항해라고는 생각하지 못했다.

1519년 8월, 마젤란은 배 다섯 척, 265명의 선원으로 구성된 선

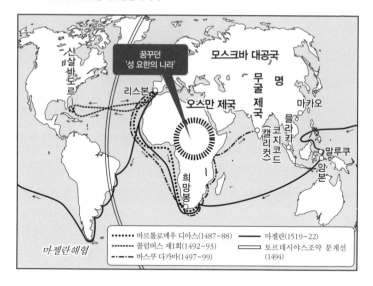

단을 이끌고 세비야를 출항했다. 대서양을 남하해 다음해에 조류가 빠른 칠레의 해협(후에 마젤란 해협으로 불린다)을 운 좋게도 7일 만에 통과하고, 서쪽의 평온한 바다로 나갔다. 마젤란은 이 바다를 '평화로운 바다'라는 의미로 '태평양'이라 명명했다.

그러나 태평양은 지표면의 3분의 1을 차지하는 큰 바다였기 때문에 가도 가도 육지가 나오지 않았다. 100일이 넘는 긴 항해가 계속되면서 많은 선원이 괴혈병으로 목숨을 잃었다.

1521년 마젤란은 괌섬을 거쳐 간신히 필리핀 군도에 다다랐다. 지구가 원형이라는 사실이 처음으로 증명되는 순간이었다. 그 후, 마젤란은 원주민과 전투를 벌이다 사망했지만, 지구의 크기와 육지의 대략적인 배치를 명확하게 찾아냈다는 점에서 그의 공적은 크다.

바다의 발견으로 새로운 인식이 생기다

앞에서 간단하게 바다의 세계라고 표현했지만, 정확하게는 '바다가 대륙을 연결하는' 세계다. 콜럼버스에서 마젤란에 이르는 일련의 항해에서 세계 지표면의 대부분이 바다이며 건조지대가 블루오션에 둘러싸인 '섬'에 지나지 않는다는 사실이 밝혀졌다. 이 사실이 세계사에 큰 변화를 가져온다.

유일한 세계라고 생각했던 유라시아의 건조지대가 '완결된 세계'가 아닌 바다에 둘러싸인 작은 세계라는 인식은 코페르니쿠스 Nicolaus Copernicus, 뉴턴Isaac Newton 등에 의해 새로운 물리학적 지구관으로 체계화되었다(과학혁명).

이러한 변화에 대해서 카를 슈미트는 《땅과 바다》에서 "이 시기에 가장 대담한 의미가 담긴 '신세계'가 탄생했다. 그리고 먼저 서유럽과 중유럽에서 여러 민족의 의식이 변하고, 마지막에는 전 세계의 모든 인간의 의식 전체가 근본부터 달라졌다"라고 하며, 그러한 의식의 변혁이 진정한 의미의 '공간혁명'이라고 지적하고 있다.

4
이민을 통한 식민지 확대와
바다의 자본주의

기독교화를 표면에 내세운 신대륙 지배

스페인이 최초로 진출한 곳은 히스파니올라섬을 중심으로 한 카리
브 해역이었다. 콜럼버스는 아메리카의 특산물인 산초로 만든 페퍼
(후추)를 유럽에서 팔려고 했지만, 산초가 너무 매워서 팔리지 않았
다. '황금의 섬 지팡구'라고 여겼던 히스파니올라섬에서는 충분한
양의 황금도 얻지 못했다.

그러나 스페인 안달루시아 지방에서 카리브 해역으로 이주는 계
속되었다. 그런 가운데 스페인에서 들어온 천연두와 독감이 크게
유행해 신대륙의 원주민 사회를 괴멸시켰다. 이후 스페인의 식민
사업은 위기에 직면했다.

심각한 노동력 부족 현상을 보충하기 위해 스페인은 대륙을 탐험
하기 시작했다. 스페인은 멕시코 고원의 아즈텍 제국과 페루의 잉카
제국이라는 두 산악 제국을 발견하고 무력으로 정복해 멕시코와 안
데스 지방의 막대한 부를 손에 넣었다. 스페인은 각각의 땅을 누에바
에스파냐(새로운 스페인), 페루 부왕령이라 하고 식민지를 확대했다.

신대륙의 유럽화는 식민지화에 따라 진행되었다. 이주민은 원주
민에게 스페인 국왕의 포고를 낭독하고 "토지가 스페인 국왕의 점

유지이며, 국왕은 이주민에게 원주민의 가톨릭화를 조건으로 토지와 인민의 지배를 위탁했다"라고 선언해 일방적으로 엥코미엔다 제도(스페인 국왕이 식민지 정복자에게 원주민 지배를 위탁하는 제도)를 실시했다.

이는 기독교화를 명목으로 정복을 정당화하는 논법이었다. 뒤늦게 신대륙 식민지를 개척한 네덜란드, 영국은 기독교를 유럽 문명으로 대치시켜 스페인의 방법을 계승했다.

스페인에게 정복되기 직전 신대륙의 인구는 8,000만 명 이상으로 추정되는데, 스페인과 포르투갈을 합친 인구는 800만 명 이하(유럽 전체 인구는 약 6,000만 명이라고 추정)였다. 신대륙은 유럽보다 훨씬 큰 세계였다.

하지만 신대륙의 원주민은 세계를 인식하지 못했고, 스페인 사람이나 말과 총을 무서워했다. 결국 스페인에서 온 천연두와 독감이 대유행(세계적인 유행)해서 인구가 크게 감소했고, 단기간에 정복당했다.

자본주의 경제는 설탕이 키웠다

바다는 상업 활동을 통해 비로소 부를 만들어내는 공간이 되었다. 추운 유럽과는 달리 아열대 기후인 신대륙에서는 상업을 전제로 한 대형 농장(플랜테이션)이 시작되었다.

아열대, 열대 기후에서 생산된 상품은 추운 유럽에서 비싸게 팔렸다. 바다 세계의 농업은 바다를 통해 노동력을 공급받고, 유럽 시장에서 비싸게 판매할 수 있는 상품을 저렴하게 대량 생산하는 형태웠다. 이는 자본주의 경제의 원형이 되었다.

대서양의 대표적인 상품 작물은 16~17세기의 설탕, 18세기의 면화다. 유럽 도시가 성장할 때, 다른 지역에서 공급받은 저렴한 노동력을 활용한 플랜테이션(상업적 농업)이 지탱하는 자본주의 경제 방식은 현재에도 세계 경제의 큰 틀을 구성하고 있다.

16세기에 브라질, 17~18세기에 카리브해에서 재배된 사탕수수는 수확 후에 당분을 비축한 줄기의 빈 부분이 딱딱해지면 급격하게 단맛이 떨어지기 때문에 그 전에 졸여서 설탕으로 만들어야 했다. 그래서 플랜테이션에는 간단한 제당 공장이 부설되어, 많은 흑인 노예들이 사탕수수를 수확해 정제하지 않은 설탕을 생산해 냈다.

사탕수수는 수확 시기가 겹치지 않도록 심으면 일 년 내내 수확이 가능하므로, 노동력인 노예를 확보하는 일이 가장 중요했다. 아프리카에서 브라질과 카리브해로 수송되는 노예의 수는 추산할 수밖에 없지만, 16~19세기에 걸쳐 1,500만 명 이상에 달한다는 설이 있다.

값싼 멕시코 은이 육지 세계로 퍼지다

1545년에 볼리비아의 포토시 은광, 이어서 멕시코의 사카테카스 은광이 발견되어 막대한 양의 은이 채굴되었다. 은은 ①원주민의 강제 노동, ②수은 아말감 제련법의 채용, ③수차(水車)를 사용해 은광

멕시코 은화 1768년에 만들어진 것으로, 포토시 은광에서 채굴한 은으로 제조되었다.

석을 부수는 방법의 보급 등으로 매우 저렴했다.

16~17세기 전반에 걸쳐서 유럽 생산량의 6~7배에 달하는 은이 매년 신대륙에서 대서양과 스페인을 거쳐 육지 세계로 공급되었다. 막대한 양의 값싼 은을 손에 넣은 바다의 유럽은 은이 부족해 고민하는 육지의 아시아에 비해 유리한 입장이었다.

여러 설이 있지만, 1503~1660년까지 약 1만 5천 톤에 달하는 상상하기 힘든 양의 은이 멕시코에서 동전으로 만들어져(멕시코 은화, 스페인 은화라고 불렸다) 스페인 인디아스의 통상원으로 옮겨졌다. 그중 약 40퍼센트가 스페인 왕실의 수입이었고, 나머지는 제노바 상인을 통해 유럽 각지로 전해졌다.

당시에는 가톨릭과 프로테스탄트 사이에 종교전쟁이 한창 벌어진 시기로, 신대륙에서 스페인으로 가져온 은은 대부분 용병의 봉급에 사용되어 유럽 각지로 널리 퍼졌다. 이슬람교도와의 종교 전쟁 중에 건국된 스페인은 가톨릭의 중심 세력이었다. 신대륙에서 유입된 막대한 양의 은은 종교전쟁을 장기화·대규모화시켰다고 할 수 있다.

신대륙에서 값싼 은이 대량으로 유입되자 유럽에서는 은 가격이 폭락하고 16~17세기 전반에 걸쳐 물가가 서너 배 뛰어올랐다. 이 것이 '가격혁명'이라 불리는 경제의 대변동이다. 이처럼 신대륙은 오랜 인플레이션을 통해 경제가 성장했다.

5
바다를 통한
아시아 진출의 토대를 마련하다

후추를 찾아서 인도양으로 떠난 바스쿠 다가마

유라시아의 건조지대에는 강력한 제국이 존재했기 때문에, 유럽인 이 육지의 경로로 아시아에 진출하기는 힘들었다.

대항해시대가 되면 아시아의 향료, 면직물, 비단 등을 구하려는 유럽 세력이 바다의 길을 통해 인도, 동남아시아, 동아시아로 진출 한다. 먼저 기선을 잡은 것은 포르투갈이었다.

포르투갈의 왕 마누엘 1세(재위 1495~1521)는 1497년에 후추를 찾 아서 바스쿠 다가마의 선단을 인도로 파견한다. 네 척의 배와 약 170명의 선원으로 이루어진 소규모 선단이었다. 바스쿠 다가마는 희망봉을 우회한 후, 아프리카 동부 연안의 이슬람 교역권을 찾은 뒤 계속 북상해 케냐의 항구에서 이슬람교도인 뱃길 안내인을 고용했다. 그리고 1498년 계절풍을 타고 인도 서해안 코지코드에 도달했다.

바스쿠 다가마의 항해는 2년 2개월이라는 시간과 100명 이상의 인명을 희생할 만큼 가혹한 것이었다. 콜럼버스의 항해와는 차원이 다른 어려운 항해였다. 그러나 바스쿠 다가마의 선단이 코지코드에서 유럽의 60분의 1 가격으로 가지고 돌아온 후추는 포르투갈 왕실에 막대한 이익을 가져다주었다.

재미를 붙인 '상인의 나라' 포르투갈의 왕은 '인도양의 왕'이라 칭하며 후추 무역을 왕실 사업으로 하고, 연간 두 척 정도의 배를 매년 인도로 파견한다. 유럽의 후추 시장이 소규모였기 때문에 값이 떨어지지 않도록 배의 수는 제한되었다.

후추가 유럽에서 환영받은 이유는 숲의 도토리를 먹이며 대량으로 방목된 돼지고기의 맛에 변화를 주고, 오래된 고기의 냄새를 없애는 데 사용되었기 때문이다.

동남아시아와 인도는 비가 적고 추운 유럽과는 달리 기온이 높아 벌레나 병원균이 많았다. 이곳의 식물은 열매를 지키기 위해 매운맛 성분을 저장했기 때문에 후추와 같은 향신료가 많이 생산되었고, 이 향신료는 유럽의 돼지고기에 잘 어울렸다.

아시아에서는 건조지대가 정치의 중심이었고, 주변의 습윤지대는 정치적인 통합이 없었다. 그래서 작은 나라 포르투갈에서도 대포와 총을 사용해 아시아로 진출할 수 있었다.

포르투갈은 베네치아가 지중해를 지배했듯이 고아, 믈라카 등의 요지에 요새·상관을 건설하고 인도양, 동남아시아의 무역을 지배했다. 그러나 인구가 약 100만 명인 포르투갈이 인도양 주변에 많은 거점을 확보하고 많은 함선으로 넓은 해역을 지배하는 것은 무리였다. 그럼에도 포르투갈은 바다를 통한 아시아 진출의 토대를 구축했던 것이다.

포르투갈의 시대는 단기간에 끝났고, 해운 대국 네덜란드가 인도양, 동남아시아에서 향신료 무역의 지배권을 빼앗았다. 1623년 향료 제도에서 네덜란드에 패배한(암보이나 사건) 영국은 동남아시아를 단념하고 인도로 진출지를 바꾸었다.

스페인의 필리핀 진출과 은 무역

신대륙에서 산출된 은의 3분의 1이 멕시코의 아카풀코 항에서 태평양을 횡단해 스페인의 식민지인 필리핀 마닐라로 보내졌고, 그곳에서 명의 밀무역 상인(당시 명은 민간 상인의 해외무역을 일절 금지하는 해금정책을 가지고 있었다)이 가져온 비단이나 도자기와 교환되었다. 신대륙의 은 가격은 동아시아의 약 3분의 1이었기 때문에, 서로에게 유리한 거래가 이루어졌다.

대량의 멕시코 은의 유입은 명의 밀무역과 일본의 주인선[근세 초기 해외 통상을 특허하는 주인장朱印狀을 가진 무역선—옮긴이 주] 무역을 활성화시켰다. 멕시코 은은 명에서는 은원銀圓이라 불렸는데, 여기에서 일본의 엔, 한국의 원, 중국의 위안(元. 圓의 글자가 어렵기 때문에, 중국의 간체자에서는 같은 음의 元으로 바꿨다)이라는 화폐의 명칭이 생겼다.

필리핀에서 구입한 중국의 상품을 실은 스페인의 범선은 쿠로시오 해류를 타고 일본 연안을 북상해 산리쿠오키三陸沖에서 편서풍을 타고 아카풀코로 돌아갔다. 이것이 마닐라·갈레온 무역이다.

멕시코로 운반된 비단, 도자기 등은 대서양을 건너 서쪽으로 회전하는 항로를 통해 유럽으로 가져갔다. 한편 스페인도 포르투갈에 대항하면서 바다의 세계에서 네트워크 만들기에 힘썼다.

제6장

바다 세계로 전환하려는
네덜란드와 영국

1
한랭한 바다에서 일어난
세계 재편의 물결

바이킹의 후예인 네덜란드와 영국

유럽인의 대서양, 신대륙 지배와 지구적인 세계 질서의 재편은 두 가지 단계를 밟았다. 두 단계는 대항해시대로 포르투갈, 스페인이 활약했던 단계(제1단계)와 17세기 이후 바이킹(북쪽 바다의 상인)의 후예인 네덜란드, 영국이 활약을 계승한 단계(제2단계)다. 종교적 국가인 스페인은 새로운 시대를 개척하지 못했다.

　15, 16세기에는 바다 세계의 확대가 명백해지고, 가톨릭 사회의 확대를 신의 의지라고 간주하는 논법으로 신대륙의 식민지화가 진행되었다. 17세기 이후에는 바다의 세계가 육지의 세계를 본격적

으로 재편하기 시작했다.

그러한 움직임을 주도한 것은 추위로 인한 결핍에 오랫동안 시달려온 북해, 발트해의 바이킹의 후예들이었다. 네덜란드인, 영국인은 종교개혁에 따라 교황과 신성로마제국 황제의 지배에서 벗어나 프로테스탄트 사회를 형성하고, 해운을 이용해 바다 세계의 주도권을 스페인에게서 빼앗았다.

네덜란드와 영국은 모두 북해에 면해 있다. 암스테르담과 영국의 거리는 도쿄와 오사카 사이와 거의 같고, 배로는 하루 거리다. 네덜란드는 간헐적으로 80년이나 이어진 네덜란드 독립전쟁(1568~1609)으로, 영국은 아르마다 전쟁(1588)으로 각각 스페인에게서 대서양의 패권을 빼앗았다. 그 후 영국은 유럽 대륙의 패권을 장악한 프랑스와 100년 이상의 간헐적인 북아메리카 식민지 전쟁을 벌였고, 차례로 아시아의 여러 제국을 격멸해, 19세기 후반에는 세계 토지의 4분의 1을 지배하는 패권국가로 성장해간다.

영국은 지표면의 70퍼센트를 차지하는 단일 바다를 해양 이용능력으로 정복하면, 유라시아 건조지대의 제국보다도 더 강대한 패권을 장악할 수 있다는 사실을 실증했다.

적극적인 해외 진출 과정에서 영국은 인공적인 국민국가, 의회, 자본주의 경제, 이민(자치령과 식민지), 자유무역, 국채와 지폐를 총합해서 근대를 이끌어간다.

추위에 내몰린 바이킹, 약탈과 식민지로 향하다

지중해와 비교하면, 네덜란드와 영국이 마주하고 있는 북해와 그 북쪽의 발트해에 대한 정보는 그다지 알려지지 않았다. 여기서 간단하게 살펴보자.

북유럽에서는 러시아의 시베리아에 걸쳐 띠 모양의 냉대(아한대)가 펼쳐진다. 냉대는 가장 추운 달의 평균 기온이 영하 3도 미만, 가장 따뜻한 달의 기온이 영상 10도 이상이다.

발트해에 면한 도시(스톡홀름, 오슬로, 코펜하겐), 북해에 면한 도시(암스테르담, 런던)의 겨울과 여름 기온을 보면 다음 장의 지도에 나온 것과 같다.

바이킹이 활약한 발트해, 북해의 여름 평균 기온은 대개 구시로, 와카나이[일본 홋카이도에 있는 도시들—옮긴이 주]와 같고, 겨울에는 난류인 멕시코 만류의 영향과 편서풍의 기압 배치로 구시로, 와카나이보다 꽤 따뜻하다. 즉, 겨울은 아오모리, 이와테 등의 북동부, 여름은 구시로, 와카나이 정도의 기온이다.

고위도임에도 바이킹 세계가 농업·어업 사회였던 것은 그러한 기후 조건 때문이다. 곡물의 생산량이 적은 만큼 바다의 상업에 의존할 수밖에 없어 약탈과 식민지 개척이 이루어졌다. 추위는 북해·발트해가 팽창할 수 있는 원동력이 되었다.

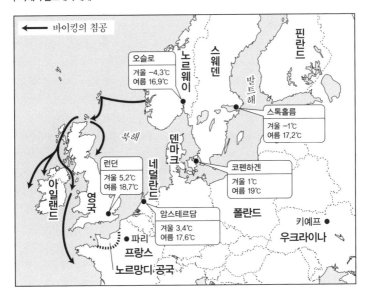

← 바이킹의 침공

오슬로
겨울 -4.3℃
여름 16.9℃

노르웨이

스웨덴

핀란드

발트해

스톡홀름
겨울 -1℃
여름 17.2℃

북해

덴마크

런던
겨울 5.2℃
여름 18.7℃

네덜란드

코펜하겐
겨울 1℃
여름 19℃

아일랜드

영국

암스테르담
겨울 3.4℃
여름 17.6℃

폴란드

키예프

우크라이나

파리

프랑스
노르망디 공국

영국의 뿌리는 북해에 있다

발트해와 북해 주변에 자리 잡고 살던 바이킹(후미[피오르드]의 백성이라는 뜻)은 유럽 북방에 살고 있다는 이유로 노르만족(북방의 사람)이라고도 불렸다. '중세 온난기'라는 말이 있는 것처럼 800~1300년경 사이는 온난기로, 바이킹의 팽창도 9세기 무렵부터 시작했다.

　이슬람 세계에서 러시아산 모피가 대표적인 고급 상품이 되면서 발트해의 가장 안쪽에 살고 있던 스웨덴의 바이킹이 '모피 로드'를 개발했다. 바이킹은 머지않아 삼림과 초원의 경계선에 위치한 우크라이나에 거점을 설치하고, 키예프 공국(9세기~13세기)을 건설했다. 이

키예프 공국이 러시아의 기원이라고 생각한다.

9세기 후반에는 북해 연안과 여러 하천에서 노르웨이계 바이킹의 약탈이 활발했다. 이에 대해 대책을 고민하던 서프랑크 왕은 바이킹의 수장에게 센강 하류의 토지를 주고(노르망디 공국), 파리를 방위하는 데 활용하려고 했다.

북해 주변에서는 복잡한 바이킹의 세력 다툼이 계속되었는데, 노르망디 공국의 바이킹 수장이 잉글랜드를 정복(노르만 정복)한 후, 도버 해협을 사이에 두고 노르만 왕조(1066~1154)를 세웠다. 그런 상황은 백년전쟁(1339~1453)을 치른 영국과 프랑스 두 나라가 도버 해협으로 영토를 나눌 때까지 계속되었다. 이처럼 영국의 뿌리는 북해에 있다.

노르만인에게 정복된 선주민 앵글로인과 색슨인도 크게 보면 바이킹이기 때문에, 영국은 바이킹의 후예라고 할 수 있다. 그 영국이 웨일즈, 스코틀랜드, 북아일랜드를 병합해서 연합 왕국(영 제국)을 만들어간다.

바이킹은 9세기 이후 그린란드, 뉴펀들랜드섬 등에 들어가 살기 시작했다. 이것은 바이킹 세계의 자연스러운 팽창이었고, 지리적 인식을 바꾼 움직임(공간혁명)은 아니었다. 그렇기 때문에 대체로 9세기는 바이킹의 팽창기였다고 할 수 있다.

2
청어가 만든
해운 대국 네덜란드

지구는 신이 만들었지만, 네덜란드는 인간이 만들었다

바다의 세계에서는 네덜란드의 고이센, 영국의 청교도, 프랑스의 위그노 등 칼뱅파 신교도가 해양 진출의 주역이 되었다.

종교개혁의 결과 북유럽이 프로테스탄트의 깃발을 내걸고 남쪽의 교황 지배에서 자립했지만, 같은 프로테스탄트인 루터파와 칼뱅파는 서로 강하게 증오하며 대립했다.

보수적인 루터파는 상업이나 대금업에 관용적이지 않았고, 이자를 한정한 대금업을 인정하는 칼뱅파를 적대시했다. 한편, 신의 구원은 이미 예정되어 있다는 예정설을 믿는 칼뱅파는 부를 추구해 광대한 바다로 나아가는 것을 마다하지 않았다.

대서양에 진출한 것은 칼뱅파가 많은 작은 나라 네덜란드였다. 네덜란드는 국토의 4분의 1이 해수면보다 낮아 국토를 유지하기 힘들었지만, 고난 속에서도 바다의 백성이라는 자각, 견실하고 시련을 두려워하지 않는 국민성이 배양되었다. 네덜란드에는 "지구는 신이 만들었지만, 네덜란드는 인간이 만들었다"는 말이 있을 정도다.

포경과 청어잡이에서 시작된 해운업

17세기에 네덜란드인은 다른 나라보다 절반의 운임으로 곡물·목재 등을 운반하는 운송 시스템을 만들었다. 이는 배의 대량 생산으로 가능해졌다.

네덜란드는 연간 2천 척 이상의 조선 능력을 가진 조선 공정을 표준화하고, 제재기나 크레인을 사용해 효율적으로 배를 생산했다. 17세기 말 네덜란드 배는 영국 배의 50~60퍼센트 가격이었다고 한다.

조선업이 발달한 배경에는 거친 바다에 도전하는 어부의 힘이 있었다. 네덜란드에서는 스칸디나비아반도 북방이 북극고래의 훌륭한 어장인 점이 밝혀지자, 많은 포경선이 진출했다. 한때 유럽의 고래기름 시장은 네덜란드 포경 업자가 독점한 상태였다. 그 이익은 아시아와 거래한 향신료 무역의 이익을 웃돌았다.

발트해에 면한 독일 도시 뤼베크에서 대량으로 생산되던 청어 소금 절임이 발트해에 산란으로 모인 청어가 찾아오지 않으면서 쇠퇴했다. 이 기회를 틈타 네덜란드인은 1월부터 3월에 걸쳐 북해에서 유망 어업으로 청어를 대량 포획하고, 소금이나 식초에 절여 유럽 각지로 보냈다.

기독교에서는 예수의 수난, 십자가에서의 죽음을 기리기 위해 부활절 전 40일간은 육식을 금하는 습관이 있었다(사순절). 이 시기에 단백질원으로써 청어가 전 유럽에 팔렸다.

1620년에는 2천 척의 어선이 청어를 잡았다는 말이 나올 정도로, 암스테르담의 시민계급이 "이 마을은 청어의 뼈로 만들어졌다" 고 말할 만큼 청어잡이는 네덜란드를 윤택하게 했다.

그런데 청어 소금 절임에는 양질의 소금이 필요했다. 네덜란드는 처음에는 포르투갈의 염전에서 소금을 조달했지만, 16세기 말에 소금 조달이 힘들어지자 카리브해에서 소금을 구하기 시작했다. 그러면서 네덜란드 서인도회사WIC가 창설되었다.

바다의 에너지로 해운업을 키운 네덜란드는 머지않아 부족하기 쉬운 곡물도 발트해 남쪽 연안에서 구하게 되었다. 암스테르담은 곡물의 대량 집산지로 성장했고, 폴란드에서 곡물은 만성적인 곡물 부족으로 고민하는 지중해로 수출되어 막대한 수익을 올렸다. 곡물 무역은 네덜란드에서 가장 돈이 되는 근원적인 무역이 되어간다.

네덜란드에서는 도시의 발달이 두드러졌다. 1622년에는 주민의 실제 60퍼센트가 도시에 거주하고, 그중 4분의 3이 인구 1만 명 이상의 도시에 살고 있었다고 한다. 네덜란드에서는 빠르게 바다를 견인하는 도시가 형성되고 있었다.

아시아로 진출한 네덜란드 동인도회사의 활약

대항해시대에 형성된 '선' 항로를 '면'으로 바꾼 것이 해운국 네덜란드였다. 그 주역은 바다 상인들의 회사를 합병한 네덜란드 동인도회사(정식으로는 연합 동인도회사, 약칭 VOC)다.

네덜란드인은 1595년에 희망봉을 돌아서 아시아의 향신료 무역에 뛰어들어, 1602년에 동인도회사를 설립했다. 동인도회사는 1만~1만 2천 명의 육군과 40~60척의 군함을 가진 큰 조직으로 성장해 일시적으로 아시아의 해운을 지배했다. 1619년에는 자바섬의 바타비아(현재의 자카르타)를 거점으로 동인도회사를 구축했다.

그 후 청어를 절이는 데 쓸 소금을 카리브해에서 구하고자 하는 네덜란드 배가 폭발적으로 늘어나 대서양에 진출했다. 이후 서인도회사가 설립되었다.

네덜란드는 앞선 포르투갈(당시는 스페인 왕이 포르투갈 왕을 겸했다)에게서 아시아의 상권을 빼앗고·단기간에 자바·수마트라·말루쿠(향료) 제도, 실론 등을 지배했다. 이렇게 네덜란드의 여러 도시의 경제를 바다의 공간이 도왔다.

바타비아는 동아시아 무역에도 손을 뻗쳐 1600년에는 히라도나 나가사키에 상관을 건설하고, 중국의 생사와 일본의 저렴한 은을 거래해서 이익을 얻었다. 또 마카오와 히라도, 나가사키를 잇는 포르투갈의 상업, 마닐라와 복건성 연안을 잇는 스페인의 상업을 차단하고 정치·경제상의 우위를 확립하기 위해, 1624년 대만 남부를 공략해 질란디아 성을 쌓고 대만 해협을 지배하기 시작했다.

그 후 네덜란드 동인도회사는 명나라의 해금정책(대외무역 금지정책)을 무시하고 명나라의 밀 무역 상인에게 사들인 생사를 일본에 수출하는 무역을 독점했다.

공해를 무기로 스페인, 포르투갈의 자리를 빼앗다

건조지대의 제국이 거대했던 것에 비해 바다의 상업이나 식민 활동으로 유지되는 해양국가는 본국이 작은 나라라도 지장이 없었다. 포르투갈도, 나중에 등장한 영국도 작은 나라였다. 반대로 말하면 작은 나라이기 때문에 지표면의 70퍼센트나 되는 바다를 차지하지 않으면 경제 성장을 기대할 수 없었다. 영국을 해양국가로 전환시킨 엘리자베스 1세(재위 1558~1603) 때 활약한 월터 롤리Walter Raleigh가 "바다를 지배하는 자가 무역을 지배하고, 무역을 지배하는 자가 세계를 지배할 것이다"라고 말한 것은 그런 의미다.

압도적인 숫자의 상선으로 바다를 차지한 네덜란드였지만, 무엇보다 앞서 대서양, 인도양에 진출한 스페인, 포르투갈의 바다 세계 독점을 멈추게 해야만 했다. 스페인과 포르투갈은 교황의 권위를 이용해 세계 바다의 분할·독점을 획책했다. 대서양에서는 1494년 토르데시야스조약, 아시아에서는 1529년 사라고사조약으로 양국의 세력 범위를 확정하고 다른 나라 배가 침범하는 것을 방해하려고 했다.

네덜란드의 법학자 그로티우스Hugo Grotius는 1609년에《해양자유론》을 발간하고 로마법을 근거로 '공해'에서의 항행의 자유를 주장한다. 네덜란드의 국익을 '공해(공공재산으로서의 바다)'라는 개념으로 지키려고 한 것이다.

그 후 네덜란드도 영국도 무역을 확대하기 위해 공해의 안전을 확보하려면 패권이 필요하다고 주창했다. 공해라는 사고방식이 바다에서 여러 대륙을 연결할 때의 기본 조건을 정비한 것이다.

19세기가 되자 세계 공통으로 바다를 공용의 공간(공해)으로 인식하는 사고방식이 생겼고, 바다는 공용 공간으로 여겨졌다. 패권국 영국은 육지에서 쏜 대포가 도착하는 수역을 영해로 정하고, 바다의 대부분을 공해로 지정해 해양 질서를 지키는 역할을 맡았다.

네덜란드는 왜 영국에게 패권을 넘겼을까

유럽 최대의 조선국, 해운국이 된 네덜란드는 발트해의 곡물을 건조한 지중해 여러 나라로 운반하는 곡물 무역을 기반으로 유럽 내 무역을 지배하고, 아시아에서는 포르투갈을 뒤쫓아 동남아시아의 향료 무역, 은 생산국인 일본과의 무역을 독점했다. 네덜란드 암스테르담의 상업 거래소는 유럽 경제의 중심이 되었다. 통화인 굴덴(길데)은 달러나 파운드를 쓰기 전 무역 결제의 기축통화가 되었다.

스페인과 80년 동안 간헐적으로 계속된 네덜란드 독립전쟁을 국채를 발행해서 전쟁 비용으로 조달해 타개한 네덜란드의 경제는 17세기 전반에 정점에 달했다. 그래서 17세기 네덜란드의 패권, 19세기 영국의 패권, 20세기 미국을 패권을 주장한 학자도 있다. 그러나 네덜란드의 군사력은 세계 패권을 장악하는 데까지는 이르지 못했다.

네덜란드는 경제 규모 자체가 작고, 연방제를 취했기 때문에 정치 면에서도 허약했다. 무엇보다 상선을 지키는 해군의 힘이 약했다. 그

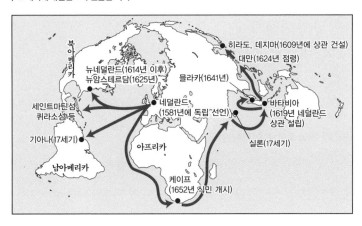

럼에도 네덜란드의 재정은 군사 부담을 견디지 못했다. 영국의 해군이 국가의 힘을 근간으로 한 장비를 자랑한 데 비해서, 네덜란드는 전쟁 때에 상선이 무장하고 군함을 지원하는 것 같은 상태였다.

그런 점에서 네덜란드는 스페인으로부터 독립한 지 3년 후에 시작된 세 번의 영국-네덜란드 전쟁(1652~74)에서 패배했고, 시원하게 영국의 우위를 인정한다. 연방제를 취했기 때문에 중앙 정부가 없었고, 유럽 각지 상인의 오합지졸로 이루어진 네덜란드는 패권을 고집하지 않았다.

그 후 네덜란드 상인은 장사에 매달려 영국에 투자하고, 영국이 패권국가로 성장하는 것을 도왔다. '네덜란드인이 없었다면 유럽의 자본주의 역사도 대단히 달라졌을 것이다'라고 말할 수 있을 정도다.

3
영국은 어떻게
네덜란드를 대체했는가

해군에 적극적으로 투자한 영국

영국은 정식으로는 '그레이트브리튼'이라고 불리며, 잉글랜드와 정
복된 웨일즈, 스코틀랜드, 북아일랜드로 이루어진 연방국가로서,
전체를 통제하기가 쉽지 않았다. 또 고위도에 위치하고 있기 때문
에 농업이 부진했고, 목양, 해상 상업, 해적 행위로 그럭저럭 사회를
유지할 수밖에 없었다. 바다에서 활로를 찾는 가난하고 작은 나라
였다.

　그러한 이유로 영국은 해외로 세력을 확장하기 위한 방법을 도모
해야만 했다. 청교도혁명으로 권력을 장악한 크롬웰Thomas Cromwell
이 대서양 진출을 목표로 했고, 명예혁명 이후에는 네덜란드와 결탁
해 왕립 해군을 증강했으며, 100년 이상 프랑스와 북아프리카에서
식민지 전쟁을 계속했다.

　이를 가능하게 한 것은 명예혁명으로 주권을 장악한 '의회'였다.
의회는 정부가 발행한 국채의 상환에 필요한 과세를 인정하면서 국
채에 대한 신용을 높였다. 예를 들면, 명예혁명에서 나폴레옹의 몰
락까지 약 125년 동안 징세금액은 15배로 증가한다. 왕립 해군은
국채 발행으로 유지되어 영국이 패권을 획득하는 원동력이 된다.

또 거액의 국채 발행으로 방대한 군비를 마련했는데, 이와 같은 군사대국화 방법은 다음의 패권국인 미국에서도 계속되고 있다.

영국의 재정은 언제나 몹시 힘든 형편이었지만, 런던의 금융가에서 지원을 받은 후 제1차 세계대전(1914~18)까지는 패권을 유지하는 데 필요한 왕립해군에 거액의 투자를 계속해 바다의 군사 패권을 유지했다. 영국 해군은 두 개의 주요한 적국의 함대를 격파할 수 있는 힘을 항상 유지하는 것(2국 표준주의)을 목표로 하고, 유럽 근해, 대서양의 제해권을 장악하는 한편, 아시아의 바다를 지배한다.

국내 자원이 부족한 영국의 패권은 국민의 과중한 부담을 각오하고 해양 세력을 확충하는 데 의존했지만, 그 그림자에는 금융 정책의 전문가인 궁정 유대인과 적극적으로 투자한 네덜란드인이 있었다. 이들이 영국의 패권을 지탱했다.

아르마다 해전으로 스페인에게 패권을 빼앗다

해양제국 영국의 출발점은 1588년 아르마다 해전에서 스페인의 무적함대를 격파한 데서 시작된다. 영국은 스페인에게 바다의 패권을 빼앗은 후 영국-네덜란드 전쟁에서 네덜란드를 쓰러뜨리고, 명예혁명 후에 본격적으로 해군을 증강해서 유일한 대항해시대의 유산상속인, 바다의 패권국가로 성장했다.

바이킹의 계보를 계승한 영국은 네덜란드와는 다른 해적 국가였다. 원래 해적, 사략선(국왕에게 적국의 배를 습격할 권리를 인정받은 일종의 해적선)

이 사업으로 공인되어 있었다. 영국은 카리브 해역에서 모글리의 노예무역이나 사략선의 습격으로 이익을 얻고 패권국 스페인을 격퇴했다.

그 배경에는 프로테스탄트 여러 나라의 '암묵적인 양해'가 있었다. 스페인의 패권에 도전한 영국의 청교도, 네덜란드의 고이센, 프랑스의 위그노 등은 가톨릭과 프로테스탄트 사이의 싸움으로 해적 행위를 합법화했다. 프로테스탄트 측은 유럽 주변에서 해적 행위를 거의 하지 않았지만, 신대륙 근해에서는 왕성하게 스페인 배를 습격했다. 천연두로 원주민 대부분이 멸족된 카리브해에서는 자메이카섬을 중심으로 프로테스탄트 해적이 자리 잡았고, 본국의 해적과 한패가 되어 스페인 배를 빈번하게 습격했다.

그러한 영국의 적대 행위를 무시할 수 없었던 스페인은 1588년, 130척의 함선, 1만 명의 선원, 육상 병력 1만 9천 명으로 구성된 그랜드 아르마다(대함대)를 영국에 파견했다. 이를 맞이해 싸운 영국 함대는 도버 해협에서 아르마다를 격파했다.

결과적으로 섬나라 영국이 스페인을 대신해 바다라는 큰 공간의 패권을 장악했다. 대서양이 영국의 지배를 받은 1610년부터 40년까지 영국의 무역액은 열 배로 증가했다. 결국 바다에서 앞선 네덜란드를 영국이 군사력으로 압도했다.

4
전성기를 맞이한
대서양의 삼각무역

대형화하는 설탕무역과 노예무역

원주민이 대부분 절멸한 카리브해역은 프로테스탄트 해적의 소굴이되었다. '캐리비안의 해적(카리브해의 해적)'의 전성기였다.

17세기 후반이 되자, 카리브해의 섬들에서 사탕수수가 대량 재배되었고, 18세기에는 자메이카섬이 세계 최대의 설탕 생산지가되었다. 설탕과 노예, 모직물 등 유럽의 물산을 연결시키는 영국의대서양 삼각무역은 전성기를 맞는다.

사탕수수 플랜테이션은 농민에게 세금을 거두어 재분배한다는건조지대의 농업과는 달리 기존에 오랜 시간에 걸쳐 대서양을 중개로 한 상업적 농업이었다. 이주한 유럽인의 농장에서 대량으로 생산된 설탕은 유럽 시장에서 팔려 높은 수익을 가져왔다.

설탕의 단맛은 크게 환영받았고, 사탕수수 재배와 노예무역으로브라질, 서인도 등 여러 섬에는 노동력이 되는 아프리카계 흑인의세계가 급속하게 넓어졌다.

플랜테이션에서는 노동력으로 쓸 흑인 노예, 그들의 식량, 농장시설, 농기구, 설탕을 정제하기 위한 공장과 풍차 등이 모두 상품으로 구입되었고, 상품인 설탕이 생산되었다.

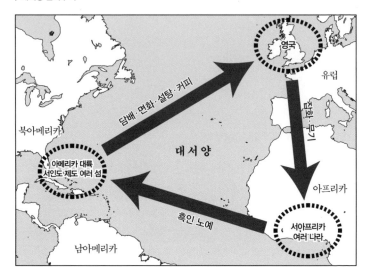

아열대의 사탕수수는 계속 자라나 1년 반이면 성숙해지기 때문에 농장주(플랜터)는 작물 심는 시기를 옮기면 연속적으로 수확할 수 있었다. 다만 사탕수수는 수확 직후에 급속하게 단맛이 떨어지기 때문에 집중적으로 작업할 수 있는 노동력(노예)이 대량으로 필요했다.

18세기에 대량 운송 방식으로 저렴한 매매를 실현시킨 영국의 노예 상인이 노예 무역을 독점하게 된다. 이 상인은 겨우 2~3파운드로 구입한 노예를 25~30파운드로 팔아버렸기 때문에 단순히 계산해도 열 배의 큰 이익을 올렸다. 노예 무역의 중심지는 영국의 항구 리버풀, 프랑스의 항구 낭트 등이었다.

설탕을 팔기 위해 커피를 팔다

신세계에서 상품으로 대량 생산된 설탕은 유럽 시장에 넘쳤고, 사치품이었던 설탕은 대중적인 조미료로 모습을 바꾸었다(설탕혁명). 영국에서는 설탕 소비량이 급증했고, 서민의 식탁까지 침투했다. 그렇게 되자 설탕의 소비량을 더욱 늘릴 필요가 있었다.

설탕의 수요를 유지·증가시키는 물품으로 이슬람 세계의 음료인 커피가 예멘 지방의 모카항에서 유럽으로 수입되어 이슬람 세계에서 도입된 커피 하우스(사교장의 기능도 겸한 찻집)와 함께 보급되었다.

커피를 파는 커피 하우스는 서민의 집회장으로 크게 유행했고, 17세기 런던에서는 3천 곳이 경쟁했다고 한다.

네덜란드 상인과 영국 상인은 이익을 올리는 커피를 경쟁하듯 수입했지만, 결국 자바섬에서 커피 재배에 성공한 네덜란드가 승리한다. 영국 동인도회사는 커피를 포기하고 청나라에서 수입한 홍차로 전환한다.

설탕은 커피, 홍차에 이어 새로운 기호품 문화를 만들었다. 유럽의 식탁 위에 늘어선 설탕, 커피, 홍차는 유럽과 아메리카와 아시아를 잇는 바다의 큰 상권을 상징하는 기호품이 되었다. 현재에도 설탕의 생산량은 쌀과 보리를 합친 양보다 많다.

제7장

영국의 패권을 가져온
산업혁명과 정보혁명

1
기계제 면직물이 육지의
경제를 붕괴시키기까지

옥양목에서 시작된 공업화

바다의 세계는 공업화를 촉진시켰다. 광대한 바다를 네트워크화하고, 여러 대륙과 여러 지역을 연결하며, 바다의 상업을 확대시키려면 과학·기술·공업을 동원해 바다의 교역에서 최대한의 이익을 얻는 경제 시스템을 조성해야 한다.

1760년대에 영국에서 시작된 산업혁명은 ①증기 기관이라는 새로운 동력의 출현, ②능률적으로 대량 생산하기 위한 기계와 공장 시스템의 형성, ③공업제품을 생산하는 산업도시, ④철도와 증기선의 네트워크를 확대해서 바다의 세계로 전환시켰고, 영국이 패권을 잡는 경제적 기반을 구축했다. 게다가 산업혁명은 자원이 부족한 유럽의 경제 기반을 다지고, 유럽을 '세계의 중심'으로 만드는 데 공헌했다.

그렇다면 산업혁명은 어떻게 일어난 것일까. 그 계기는 인도산 캘리코(옥양목, 인도산 면직물. 캘리코라는 이름은 코지코드에서 유래함)다. 저렴함, 다양한 염색, 흡습성, 튼튼함 등이 호평을 받아 옥양목은 영국에서 큰 붐을 일으켰다.

이에 영국의 모직물 업자는 골치가 아파졌다. 인도산 면직물 진출에 위협을 받은 그들은 의회를 압박하여 모직물보다 쓰기 편하고 좋은 옥양목의 수입·사용을 금지하는 법률을 제정했다.

한편, 국내의 목면업자는 마 등을 섞은, 인도에서 수입된 옥양목 비슷한 면직물을 생산하면서 이익을 지키게 된다. 그러나 그렇게 저렴한 면직물은 영국 내에서밖에 생산하지 못했다. 아이러니하게도 모직물 업자의 압력이 영국에 면직물 생산을 뿌리내리게 했다.

때마침 설탕·노예·모직물로 이루어진 대서양 삼각무역이 전성기를 맞이해 설탕·노예 무역의 규모가 커지면서 영국에서 수출하는 모직물로는 도저히 필요한 물량을 대지 못하게 되었다. 결국 면직물이 그것을 보충하게 되고, 서아프리카, 카리브 해역에도 대량으로 수출하게 된다. 1750~70년 동안 대서양 해역에 수출된 영국 면직물의 양은 약 열 배로 급증했다.

노동력이 부족한 면직물업을 구하다

영국의 면직물업은 크게 번성했지만 면화에서 실을 뽑는 공정은 여전히 수작업이었다. 그래서 업자는 현상금을 걸고 실을 뽑는 능률을 높이는 도구, 기계의 발명을 모집했다.

1767년 직공 하그리브스가 수동 제니 방적기를 발명하면서, 부족한 실이 대량 생산되었다. 1769년 가발 업자 아크라이트가 수차를 동력으로 써서 가늘고 강한 실을 생산하는 수력(워터프레임) 방적기를 발명했다. 수력 방적기는 복수의 공정을 일괄적으로 자동화하는 본격적인 방적기로, 처음에는 말로 움직였지만, 후에 가까운 납 광산에서 지하수로 움직이는 수차가 동력으로 사용되었다.

그러나 높낮이의 차가 없으면 움직이지 않는 수차는 불편했고, 항만 도시에 공장을 건설하기 위해서는 새로운 동력 개발이 필요했다. 그래서 석탄을 이용한 증기 기관이 등장했다.

산업혁명의 원동력이 된 영국의 추위

증기 기관의 에너지원이 되는 석탄은 너무나 추운 영국의 기후 때문에 찾아낸 연료였다. 추위라는 굳이 말하자면 마이너스인 조건이 우연한 행운의 조합으로 산업혁명과 밀접한 관계를 형성했다. 여기서도 사회가 변화하는 데 지리적 조건이 큰 역할을 하고 있다.

추위가 심한 영국에서는 난방용 장작을 얻기 위해 숲을 벌목하면서 장작이 부족한 상태가 심각해졌다. 추운 겨울을 넘기려면 곡물

이상으로 연료가 반드시 필요하다. 그런데 공교롭게도 쓰러진 나무가 부패하지 않고 탄화했기 때문에, 많은 석탄이 매장되었다.

그러나 대량의 매장된 석탄을 파내게 되면 갱도로 흘러드는 지하수의 배수가 큰 문제가 된다. 그래서 1712년 뉴커먼Thomas Newcomen이 석탄으로 만든 증기를 실린더로 이끌어 피스톤을 밀어 올려서 냉수를 분사해 만들어진 대기압으로 피스톤을 내리는 대형 증기 기관(대기압 기관)을 발명했다. 한랭한 기후와 부족한 장작이 증기 기관의 발명으로 이어졌던 것이다.

그런데 대량으로 면직물 생산이 이루어지자, 인력, 수차를 대신해 기계를 움직이는 동력이 필요해졌다. 그때 와트James Watt가 뉴커먼의 단순하고 비효율적인 증기 기관을 소형화해서 개량하고, 기계를 움직이는 동력으로 바꾸려고 노력했다. 그 결과 와트는 1782년에 증기 기관을 효율화하고 수차를 대신하는 동력원인 증기 기관을 만들어냈다.

마치 무슨 일이 일어났을 때 제삼자가 득을 보는 것처럼, 기계에 의해 면직물의 대량 생산이 가능해졌다. 1784년에 증기 기관을 동력으로 쓰는 카트라이트Edmund Cartwright의 기계식 방직기가 발명되었고, 1785년에 크럼프턴Samuel Crompton이 가늘고 양질인 실을 대량 생산할 수 있는 뮬 방적기를 발명했다. 증기 기관으로 움직이는 기계에 의해 방적 공정, 직포 공정이 자동화되었는데, 이것이 바로 산업혁명이다.

영국인은 카리브해의 플랜테이션에서 저렴하게 생산된 면화를 원료로 대량 생산된 기계제 면직물을 대서양 무역의 주력 상품으로 만들었다. 기계제 면포는 1820년대 이후 대량으로 수출해서 인도의 면 산업을 괴멸로 몰아넣고, 영국의 면 산업을 거대한 시장으로 바꾸었다. 대량 생산된 저렴한 면직물은 육지 세계의 경제를 무너뜨리기 시작했다.

2
세계를 크게 변화시킨
철도, 증기선, 전신

철도가 바꾼 육지의 세계

산업혁명 시대에 무거운 석탄을 운송하는 일은 큰 문제였다. 탄광지대는 잉글랜드 북동부의 뉴캐슬로, 공업지대에서 멀리 떨어져 있었다.

저렴하게 석탄을 운송하기에는 철도가 적합하지 않은가. 그렇게 생각하고 철도의 실용화에 공헌한 사람이 스티븐슨George Stephenson 이다. 스티븐슨이 만든 로커 모션호는 1825년에 스톡턴-달링턴 사이(45킬로미터)를 35량의 객차·화물차를 이끌고 시속 약 18킬로미터의 속도로 주파해 철도의 가능성을 세상에 보여주었다.

| 1850년경의 유럽 철도망

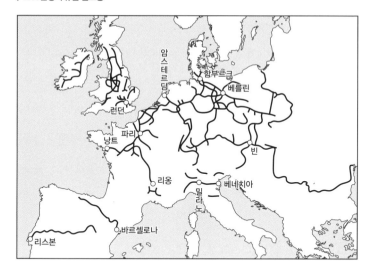

    1830년에는 면화의 수입항 리버풀과 면업 도시 맨체스터 사이의 45킬로미터를 시속 40킬로미터의 속도로 연결하는 세계 최초의 실용적인 철도가 개통된다.

    고속으로 안정적인 대량 운송을 가능하게 하고, 운송비를 경감할 수 있는 철도는 단번에 보급된다. 또한 철도는 레일·열차·역사·철교·터널 등이 필요한 저변이 넓은 산업이었기 때문에, 철도 건설은 경제의 확대를 견인했다.

    철도 건설의 물결은 영국에서 독일, 프랑스 등 유럽 대륙의 여러 나라, 아메리카로 급속하게 퍼졌고, 바다의 세계를 확대하는 강력한 수단이 되었다. 아시아, 신대륙 등에서도 철도 건설이 빠른 속도로 진행되었고, 식민지의 자원이 유럽으로 모이는 구조가 완성되었다.

세계 각지의 식민지에서는 항구 도시를 향해서 물자를 운반하는 철도 건설이 진행되었다. 철도는 내륙의 여러 물품을 항구 도시로, 서유럽의 공업 제품을 내륙으로 운반하는 데 도움이 되었다. 철도는 영국 같은 바다의 세계가 육지의 부를 집중적으로 지배하기 위한 중요한 수단이 되었다.

제2차 산업혁명까지 기다려야 했던 증기선의 첫 등장

바다가 대륙을 연결하면서 시작된 세계의 일체화는 증기선 정기 항로로 완성된다. 그러나 증기선에는 많은 불안 요소가 있었기 때문에, 증기선 항로를 만들기까지 60~70년의 세월이 걸렸다.

증기선은 잠수함을 제작하기 위해 파리에서 유학한 미국인 로버트 풀턴Robert Fulton이 1807년에 발명했다. 수차의 이미지를 도입하고, 증기 기관으로 배의 측면에 설치한 수차(외차)를 움직이는 외륜선의 방식이었다. 그러나 증기선은 하천 교통과 후미진 만에서는 바로 활약했지만, 항행거리가 긴 외양에서는 오랫동안 사용할 수 없었다.

증기 기관이 고장 나면 배가 표류했고, 배로 갈 때는 대량의 석탄이 필요했으며, 화물과 승객을 많이 실을 수 없는 것 등 증기선 보급을 방해하는 이유는 많았다.

영국의 철도 기사 브루넬Sambard Brunel이 최초로 본격 증기선을 만들었다. 브루넬이 만든 그레이트 웨스턴 호는 1838년에 약 15일간 대서양을 횡단했다. 그러나 미국의 페리Perry가 검은 배를 이끌고 일본에 온 1850년대에도 전 세계에서 증기선은 약 8퍼센트로 보급율이 높지 않았다.

일본을 개항하게 만든 페리의 증기선 함대도 복수의 석탄 보급선을 이끌고, 아프리카의 남단 혼곶, 희망봉을 거쳐 인도양을 북상했다. 중국에서 석탄을 보급한 후, 오키나와를 경유해 우라가에 이르렀다. 그러한 상황에서는 증기선만으로는 바다와 여러 대륙을 안정적으로 연결하는 것은 불가능했다.

증기선이 바다의 세계를 완성하는 유력한 수단이 되려면 선박의 대형화와 건조 비용의 절감, 성능의 상승, 석탄 보급 기술의 개발, 항로의 단축이 필요했다. 이는 제2차 산업혁명으로 강철이 발명되면서 가능해졌다.

나무가 아닌 철로 증기선을 만들다

배로 물건과 사람을 운송하는 일이 활발해지자 당연하게도 조선용 목재가 부족했고, 배의 건조 비용이 급등했다. 그래서 1860년대가 되면 철재로 배를 만들게 된다. 철은 물과의 마찰이 적기 때문에 속도가 20퍼센트 정도 빨라지고 무게도 목조선의 3분의 1밖에 되지 않는다는 의외의 사실이 밝혀졌다.

철재 선박은 목재와는 달리 대량 생산과 대형화가 가능했다. 증기 기관도 개량되면서 유럽과 아메리카, 아시아를 잇는 증기선의 정기 항로가 크게 성장한다.

1880년대에는 강철을 사용한 프리패브 공법으로 대형 선박이 단기간에 건조되고, 수만 톤의 거대한 선박이 차례로 진수되었다. 1885년경에는 강철로 만든 배가 일반화된다. 강선의 건조를 주도한 것은 말할 필요도 없이 바다의 패권을 장악한 영국이었다. 영국은 1892년경까지 세계 강선의 80퍼센트를 제조하는 조선 대국이 된다.

증기선 항로와 석탄 보급소 네트워크

영국은 1860년경까지 유럽에서 아시아에 이르는 증기선의 정기 항로(엠파이어 루트)를 개척하고 인도의 봄베이(현재의 뭄바이), 실론섬의 콜롬보, 인도의 콜카타, 싱가포르, 페낭(말레이시아), 홍콩, 상하이, 나가사키, 요코하마를 연결하고, 민간 기선 회사의 배를 취항시켰다. 이렇게 영국은 바다의 세계로 전환하기 위해 기반을 갖추었다.

정기 수송선의 핵심은 우편 수송으로, 해군성이 선박 회사에 보조금을 냈다. 유럽 여러 나라와 미국, 일본도 영국을 따라 우편물 수송에 보조금을 내고 항로를 양성했다. 정기 항로는 국가 정책으로 형성되었다.

세계 각지에 석탄 보급소가 설치되었고, 해병대가 석탄을 지켰으

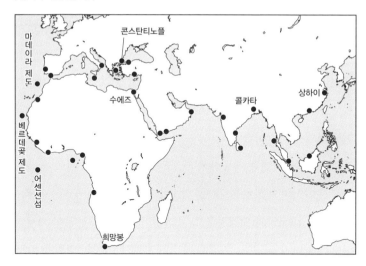

며, 상선이 석탄을 수송해 장거리를 항해하는 방식이 자리 잡자 바다를 통한 세계의 일체화가 빨라졌다.

　메이지 유신으로 변혁이 시작된 1860년대부터 청일전쟁에 이르는 시기는 범선에서 증기선으로 크게 전환하는 시기다. 그리하여 1868년에서 1879년 사이에는 해상 수송비용이 반으로 줄었다.

　증기선의 정기 항로가 전 세계적으로 보급되면서 서유럽 여러 나라의 도시와 식민지가 광범위하게 연결되고, 유라시아의 건조지대를 압도하는 물류가 탄생했다. 이렇게 세계사는 육지의 시대에서 바다의 시대로 대전환을 달성했다.

　1910년에 수에즈 운하를 건너는 배의 총 톤 수의 60퍼센트 이상이 영국 국적이었다는 것에서 알 수 있듯이 아시아의 증기선 항로는 영국이 과반을 지배했다. 영국은 중심이 되어 바다에서 유라시아의 육지 세계에 큰 전환을 가져왔다.

영국은 자유무역을 내세워 그들이 생산한 공업제품을 증기선과 철도를 연결한 고속 네트워크를 활용해 각지로 운반했고, 각지의 전통 산업을 멸망시켰다.

1869년에 건설된 지중해와 인도양을 연결하는 수에즈 운하는 유럽과 아시아의 항로를 약 3분의 1이나 단축시켰다. 1914년에는 카리브해, 대서양과 태평양을 잇는 파나마 운하가 개통되어 세계의 바다가 하나가 되었고, 그 결과 바다가 세계에 미치는 영향은 압도적이었다.

이렇게 보면 증기 기관은 기계를 움직일 뿐 아니라 철도와 증기선의 동력이 되어 육지의 세계에서 바다의 세계로 전환하는 추진력이었음을 알 수 있다. 영국의 '바다 세계의 일체화'는 철도와 증기선을 통해 19세기에 세계화를 이루며 실현되었다.

정보 전달 속도를 향상시킨 해저 케이블

19세기 후반에는 전신을 통해 고속화된 정보 전달망이 형성된다. 1857년 최초의 대서양 횡단 전신 케이블이 부설되지만 고장이 많고 안정되지 않았다. 1866년에야 겨우 미국과 유럽을 잇는 전신이 안정되었다.

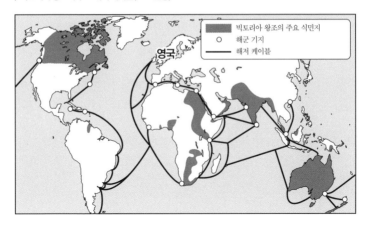

해저 케이블의 부설에는 수심이 8,000미터 이상 되는 험한 곳도 있었고, 대량의 케이블을 적재할 수 있는 거대한 증기선도 필요했다. 영국은 미국과 협력해서 국가사업으로 해저 케이블을 부설했다. 1872년에는 런던과 도쿄를 잇는 전신도 가능해졌다. 장애물이 적은 바다는 고속 정보 전달의 장으로 이용되었다.

영국이 지배한 전신은 런던의 금융가 도시를 세계 경제의 중심으로 성장시켰다. 영국은 전신망으로 세계의 금융, 송금, 보험 등을 도맡아 책임지고, 각국의 무역 결제도 런던의 금융 시장에서 파운드로 이루어졌다.

영국은 전신으로 된 금융 시스템을 이용해 자본을 대출하고 이자를 취득했으며, 다양한 수수료 징수로 각국의 경제 성장을 자국의 경제 패권에 편입해, 세계 경제의 기준이 되는 결정권을 확보했다.

지역으로 나누어져 있던 아시아의 육지 세계는 이렇게 강력한 영국을 중심으로 한 세계 경제에 얽히고설킨다.

한편, 인터넷을 중심으로 20세기의 정보혁명을 추진하는 미국은 1990년대 이후 세계적인 인터넷망의 보급을 배경으로 세계의 금융과 상업을 재편하고, 패권의 도구로 활용하고 있는데, 이미 19세기 말에 영국이 같은 형태의 구조를 만들었다.

제8장

바다의 제국,
영국의 패권 확립

1
전쟁 없이 세력을 확장하는
새로운 스타일

서양의 국민국가가 육지를 분할하고 지배하는 시대

영국에서 산업혁명이 진행되던 시기에 유럽 대륙에서는 프랑스혁명이 전개되었고, 나폴레옹 전쟁이 이어졌다. 일련의 정치 변혁(대서양혁명)을 거쳐 부족으로 분립된 상태에서 벗어난 유럽은 다수의 국민국가(근대국가)가 분립하는 체제로 옮겨간다.

참고로 국민국가의 전신은 17세기 중반에 형성된 국왕을 주인으로 하는 중소국가(주권국가)였다. 국왕을 주인으로 하는 중소국가가 공존하는 체제를 '베스트팔렌 체제'라고 부른다. 국제법, 조약, 외교 관행, 세력 균형에 따라 평화가 유지되는 구조는 아시아의 제국에 의한 광역지배와는 대조적이었다.

국왕을 주인으로 하는 주권국가는 시민혁명으로 왕정이 무너지고 국민·의회로 주권이 옮겨갔다. 그 후 나폴레옹이 유럽을 제패하는 가운데, 시민과 국민을 대표하는 의회가 제정한 '법'에 기초해서 집권하고 지배하는 국민국가가 확대되었다.

19~20세기에 걸쳐서 아시아, 아프리카에서 급속한 식민지화도 진행되었다. 유럽 여러 나라는 식민지 체제 형성에 열중하고 육지의 세계를 분할하고 지배한다. 유럽과 아시아, 아프리카에서는 압도적인 무기 차이를 이용해 영국을 선두로 한 유럽 여러 나라가 바다에서 육지의 세계를 둘러싼다.

국민국가의 세계 분할은 그때까지 세계사에서는 보지 못했던 새로운 현상이었다. 바다에서의 세계의 일체화는 식민지를 세계로 확산시키는 형태로 진행되었다.

영국의 패권 확립과 자치 식민지의 탄생

영국이 최초로 본격적인 해외 식민지로 삼은 지역은 카리브해의 자메이카섬이다. 뒤이어 프랑스와 오랜 기간에 걸친 식민지 전쟁에서 승리해 북아메리카에 스페인과 견줄 만한 식민지 제국을 수립했다.

원래 영국은 작은 나라(인구가 프랑스의 3분의 1)였기에 막대한 전쟁 비용을 국채에 의존할 수밖에 없었다. 막대한 금액의 적자 국채가 누적되어 곤란해진 영국은 식민지에 본국과 같은 과세를 하는 방법으

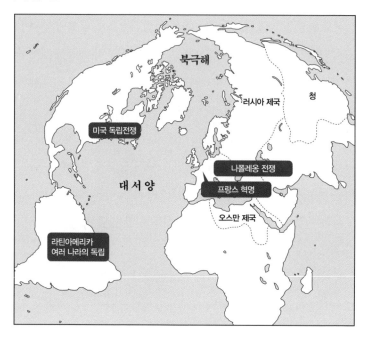

로 상황을 타개하려 했지만, 식민지에서 맹렬하게 반발했다. 1775년 미국 독립전쟁은 식민지에서 일어난 저항의 대표적인 예다.

북아메리카에서 세력을 만회하고자 했던 프랑스는 식민지에 원군을 파견하고 무기를 원조했다. 유럽 여러 나라도 식민지를 지원했다. 1783년까지 이어진 미국 독립전쟁은 미국 대륙과 유럽에 걸친 큰 전쟁이 된다.

결과는 영국의 패배로 끝났다. 영국은 지난 세기 획득한 큰 식민지를 단숨에 잃었다. 그렇지만 이와 같은 실패는 19세기에 영국이 패권을 형성하는 데 필요한 중요한 경험이 되었다. 한편 독립한 미국은 주를 단위로 하는 새로운 형태의 국가가 된다.

미국에서의 경험으로 영국은 유럽에서 벌어지는 전쟁을 가능하면 피하려고 했다. 19세기에 영국은 나폴레옹 전쟁(1803~15), 크림 전쟁(1853~56)만 치르고 식민지와 세력 확대에 힘을 집중했다. 첩보 활동(정보 수집과 분석)에 중점을 두고 부족 대립, 민족 대립, 종교 대립 등을 교묘하게 이용해 되도록 군대를 움직이지 않고 세력을 확장하는 전략을 선택했다.

프랑스와의 식민지 전쟁과 미국 독립전쟁 기간에 영국 식민지의 중심이 되는 자치 식민지가 형성되었다. 미국 독립전쟁 직전에 영국은 제임스 쿡James Cook이 두 번의 남태평양 고위도 해역을 항해해 발견한 오스트레일리아와 뉴질랜드로 영국인을 이주시켰다. 남반구는 육지가 20퍼센트이고 나머지는 바다로, 영국이 오스트레일리아를 식민지로 삼은 의미는 크다.

그 후 미국 독립전쟁에서 영국은 13개의 식민지를 잃었지만, 그때 영국 왕에게 충성을 다한 식민지 사람들 대부분이 이주한 캐나다가 영국의 자치 식민지가 되었다.

뒤에서 다루겠지만 영국은 남아프리카, 라틴아메리카로 경제 진출을 진행해, 19세기 전반에는 남반구 대부분이 영국의 세력권이었다.

아시아, 라틴아메리카를 자국의 경제권에 편입하다

영국은 나폴레옹 전쟁을 패권을 확립하는 데 잘 이용했다. 그때까지는 늘 채무국이었던 영국은 대륙봉쇄령을 역으로 이용해 나폴레옹 전쟁 후에 채권국으로 바뀐다.

또한 영국은 나폴레옹 군에게 점령된 네덜란드의 세력권에 진출해 아프리카 최남단의 케이프 식민지와 실론섬을 획득하고, 믈라카 해협 주변의 전략적 요충지인 페낭섬, 믈라카, 싱가포르에 거점을 확보한다. 이렇게 바다에서 아시아 진출 루트를 튼튼히 했다.

1810~20년대에 스페인의 힘이 약해지자 라틴아메리카의 식민지가 잇따라 독립했다. 스페인은 유럽의 군대를 활용해 이를 진압하려고 했지만, 영국은 이에 단호하게 반대하고 독립을 지원해 독립한 라틴아메리카의 여러 나라를 자국의 경제권에 편입시켰다.

영국에게는 브라질에서 나오는 금이 특히 중요했다. 18세기 말 브라질에서는 전 세계에서 생산되는 80퍼센트 정도의 금이 산출되었는데, 포르투갈과 영국의 모직물 수입을 인정하는 조약을 맺은 일도 있어 대부분의 금은 모직물의 대가로서 영국으로 흘러들어왔다.

그 금으로 영국은 금본위제를 확립하고 파운드 지폐를 대량으로 발행했다. 파운드 지폐는 19세기 말 세계 무역의 결제 수단으로 쓰여 영국이 번영하는 기반이 되었다.

2
육지의 여러 제국은
이렇게 붕괴했다

아시아에서 연속해서 일어난 '천하를 두고 겨루는 싸움'

19세기 중반에는 유라시아의 여러 제국과 영국을 선두로 한 바다
의 세계 사이에 '천하를 두고 겨루는 싸움'이 진행되었다. 이미 아시
아의 여러 제국은 쇠퇴기에 들어갔지만, 영국은 산업혁명, 대서양
혁명을 거쳐 기세가 올라가 있었다. 수에즈 운하의 개통(1869), 범선
에서 증기선으로의 전환, 전신의 보급, 라이플총·기관총 등 화기의
진보로 육지의 세계와는 엄청나게 차이가 벌어져 있었다.

영국을 선두로 한 유럽 여러 나라는 청나라를 상대로 한 아편전
쟁, 제2차 아편전쟁, 무굴 제국의 세포이 반란, 오스만 제국의 그리
스 독립전쟁이나 이집트 독립의 움직임을 이용해 유라시아에서 육
지의 세계를 약화시키고 바다의 세계로 전환시켰다. 영국과 아시아
는 멀리 떨어져 있었기 때문에 필요한 육군 병력은 가능한 아시아
현지에서 조달했고, 영국은 해양을 잘 이용해 전체를 통합했다.

그 결과 강력한 마찰을 동반하지 않고도, 유라시아에서 여러 지
역의 전통사회가 바다의 세계로 종속되었다. 19세기는 영국을 선
두로 한 유럽 여러 나라가 세계로 식민지를 확장하는 이상한 시대
가 되었다.

오스만 제국을 쇠퇴하게 만든 근대화

서아시아에서는 오스만 제국의 이슬람법에 따른 보편적인 종교 지배 시스템이 무너지고 있었다. 나폴레옹의 이집트 원정, 그리스 독립전쟁 등으로 유럽이 들여온 세속적인 민주주의가 대두하며 서아시아 내부에서 분열·붕괴가 진행되었다.

구체적으로는 프랑스의 지배하에 군사 체제를 강화하고 제국으로부터 독립을 목표로 하는 곡창지대인 이집트, 그때까지 제국에 인재를 공급해온 발칸 반도의 슬라브인 민족운동이 오스만 제국을 쇠퇴시켰다. 한편 보수적인 이슬람 세력은 제국의 근대화를 제약했다.

영 제국은 아시아 진출의 요충지인 동지중해와 중동에서 프랑스, 러시아의 진출을 억제하고 균형을 유지하는 역할을 했지만, 뒤에 나오는 것처럼 수에즈 운하의 지배권을 장악하고 우위에 섰다.

오스만 제국은 크림 전쟁(1853~56), 러시아-튀르크 전쟁(1877~78), 베를린회의(1878) 등을 거치며 차례로 영토를 잃었다. 1854년 이후 17차례나 유럽의 은행에서 빌린 차관을 상환하지 못해 관세 등을 압류당하기도 했다. 그렇게 오스만 제국은 '빈사瀕死의 중환자'가 되었다. 또한 근대화 노선을 이행하는 과정에서 정부와 보수적인 이슬람 세력 간의 대립이 심화되는 등, 제국 내 정치 상황도 혼란스러웠다.

결국 제1차 세계대전에서 패배한 오스만 제국은 1922년에 붕괴한다. 그리고 사이크스-피코 협정을 기초로 아랍 세계는 영국과 프랑스의 식민지가 된다.

무굴 제국을 멸망시키고 인도를 식민지로 삼다

인도에서는 영국 동인도회사가 인도인 용병(세포이)을 고용하고, 무굴 제국(1526~1858)의 분열과 혼란을 이용해 100년에 걸쳐 인도 지배 체제를 만들어내고 있었다.

19세기 중반 영국 동인도회사는 식민지 지배를 더욱 확장하고자 미안마, 아프가니스탄에 세포이를 파병한다. 그렇지만 외국에 파병을 요구받은 세포이 사이에서 불만이 확산되었다. 세포이의 불만에 불을 붙인 것은 동인도회사가 받아들인 최신식 전장총 엔필드 총을 사용하는 문제였다.

신형 총을 사용할 때 세포이들은 습기를 방지하기 위해 기름을 바른 화약 봉지를 물어뜯어 화약을 총부리에 주입했다. 그런데 화약 봉지에 칠해진 동물성 기름이 문제였다. 그들은 힌두교도가 신성시하는 소의 지방, 혹은 이슬람교도가 더럽다고 해서 기피하는 돼지의 지방이 습기를 방지하기 위해 사용되는 게 아니냐며 강하게 반발했다.

이 문제는 인도독립운동(세포이의 반란)의 계기가 되었다. 그러나 결과는 비극적이었다. 봉기군은 지배권을 잃고 나이든 무굴 황제를 내세워 인도 전역에서 무굴 제국의 복권을 주장했지만, 1858년에 봉기가 진압되면서 무굴 제국은 멸망했다.

영국은 1877년에 빅토리아 여왕을 황제로 하는 인도 제국을 세우고 아시아 제2의 인구 대국인 인도를 식민지로 삼았다. 그 후 약 70년 동안 인도는 식민지가 되어 영국의 번영을 지탱하게 되었다.

| 영국·중국·인도를 잇는 삼각무역

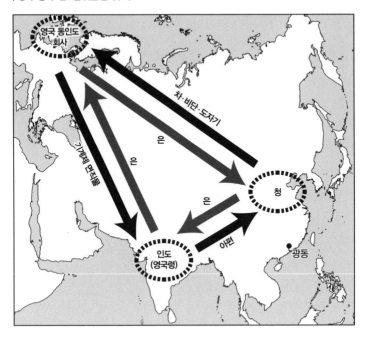

증기선으로 청나라를 압도한 아편전쟁

18세기 청나라에서는 영국 동인도회사가 대외무역을 독점했다. 대중까지 확장된 홍차 음용 수요에 부응해야 했기 때문이다.

홍차의 수요는 멈추지 않았고, 영국 동인도회사는 홍차를 구입하는 데 필요한 대량의 은을 조달하는 방법을 고민했다. 그들은 인도의 뱅골 지역에서 재배되는 마약인 '아편'을 청으로 밀수해 은을 얻으려고 했다.

그 결과 아편의 대금인 은이 해외로 유출되어 청나라에서는 은 가격이 두 배로 뛰어올랐고, 은을 사들여 세금을 내는 농민 생활이 파탄에 이르렀다. 단기간에 세금이 두 배로 뛰어올랐기 때문이다. 농민 생활의 파탄은 농업 제국 청나라의 근간을 뒤흔드는 중대사였다.

청나라는 임칙서林則徐를 특명전권대신(흠차대신)에 임명해 밀수 아편의 대가로 은이 유출되는 상황을 막고자 했다. 임칙서는 군대를 동원해 광주에 있는 영국 상관을 포위하고 무역 감독관에게 막대한 양의 아편을 제출하도록 명령해 몰수한 아편을 태워버렸다.

청나라의 아편 시장이 붕괴하면 영국의 면제품, 인도의 아편, 청의 홍차로 이루어진 아시아 삼각무역이 붕괴된다. 영국은 삼각무역이 붕괴되는 것을 우려해 아편은 상품이라고 억지로 주장하며 아편전쟁(1840~42)을 일으킨다.

청나라에 파견된 영국군은 총 2만 명으로 인도에서 파병된 병력이 대부분이었다. 이때 증기선 군함 14척으로 구성된 영국 해군은 청나라에 큰 심리적 동요를 일으켰다.

영국군이 장강 유역에서 공격을 펼치자 전쟁이 심화될 것을 두려워한 청나라는 철저한 항전을 주장하는 임칙서를 지휘에서 제외시키고, 영국을 회유하는 길을 선택했다. 이후 남경조약을 맺고(1842) 아편전쟁을 종결시켰다. 조약에 따라 영국은 전쟁 비용, 몰수된 아편 대금 600만 달러, 자유무역의 거점이 되는 홍콩섬을 획득했다.

아편의 매매는 공인되었고 막대한 은이 지속적으로 유출되어 농민들은 더욱 궁핍해진다. 게다가 태평천국(1851~64)운동으로 청나라는 더욱 급격하게 악화되었고, 제2차 아편전쟁으로 영국은 더욱 이권을 확대했다.

다만 자유무역을 주장하는 영국에게는 관리 경비가 많이 드는 식민지는 필요하지 않았다. 영국은 청나라를 식민지로 삼기보다는 할양받은 홍콩을 인도의 봄베이(현재의 뭄바이), 싱가포르에서 연장되는 영국 항로에 연결하는 중국 무역의 거점으로 삼았을 뿐이다.

3
무역, 경제, 모략으로
육지는 바다로 재편되었다

수에즈 운하를 둘러싼 네트워크

1860년대에는 함선에서 증기선으로 급속하게 전환되고, 대륙 각지를 연결하는 증기선 네트워크가 형성된다. 요충지에는 저탄장이 설치되고, 증기선은 그곳에서 석탄을 보급받으며 항해를 이어갔다. 그 후 기술의 개혁이 진행되어 1868~79년이 되면 해상 운송 비용이 반으로 줄어든다.

세계의 바다가 증기선의 바다로 바뀌고 유럽 세력의 아시아 진출이 급격하게 진행되기 직전 일본에서는 메이지 유신이 일어났다.

수에즈 운하 개통 직후의 풍경(19세기)

1869년에 개통된 수에즈 운하는 증기선 네트워크를 단번에 형성했다. 프랑스인 외교관이자 기술자인 레셉스Ferdinand Lesseps는 승마를 가르치던 이집트의 총독 무함마드 사이드 파샤의 지지를 얻어 운하의 개통에 성공했다. 운하 건설에는 약 1억 달러의 비용이 들었는데, 프랑스와 이집트가 그 자금을 분담했다.

큰돈을 들여 완성한 수에즈 운하는 영국 런던과 인도 봄베이의 거리를 5,300킬로미터, 시간으로는 24일간이나 단축시켰다 영국과 인도의 거리가 3분의 1로 단축된 것이다.

바다에서 유라시아 세계를 재편하려는 영국의 입장에서 수에즈 운하는 몹시 탐나는 대상이었다. 그때 총 공사비의 70퍼센트를 부담해야 하는 이집트의 술탄이 재정난에 빠져 수에즈운하회사의 주식 가운데 44퍼센트를 팔려고 내놓았다. 그러나 프로이센-프랑스 전쟁(1870~71)에서 패배한 직후인 프랑스는 그 구입 자금을 준비할 수 없었다.

이때 영국 수상 벤저민 디즈레일리(재임 1868, 1874~80)는 어떻게든 수에즈 운하 주식을 구입해야 한다고 생각하고 유대인 재벌 로스차일드Nathan Rothschild에게 독단으로 4천 만 파운드를 빌려 수에즈 운하 회사 주식(44퍼센트)을 구입했다. 그때 담보를 요구하자 디즈레일리는 "영국을 담보로"라는 유명한 말을 남긴다.

그 후 이집트의 내란을 틈타 1882년에 영국은 운하지대를 군사점령했다. 1888년에는 국제조약이 체결되고 모든 국가가 운하를 이용할 기회가 평등하게 보장되지만, 영국은 조약의 비준을 지연시켰다. 영국은 제1차 세계대전을 이용해 이집트를 보호령으로 만들고, 1936년에는 운하지대에 영국군 주둔을 인정받았다.

수에즈 운하는 바다의 영 제국에게 '가장 중요한 점(교통의 요충지)'이 되었다.

아프리카 쟁탈전에서도 우위에 서다

기독교를 포교하려고 동아프리카에 들어갔다가 행방불명이 된 데이비드 리빙스턴David Livingstone을 구출하려고 나선 미국인 기자 헨리 스탠리Henry Stanley가 아프리카 중앙의 열대우림을 동서로 흐르는 콩고(자이르)강의 경제성을 보고했다. 벨기에 국왕 레오폴드 2세는 콩고국제협회를 만들고 국왕의 개인 영토로 삼을 준비를 진행한 다음 콩고자유국 건설을 선언했다. 그러자 영국, 포르투갈 등이 이의를 제기하고 대립이 심화되었다.

그때 식민지가 없는 독일의 재상 비스마르크Otto Bismarck가 중재하면서 이 문제를 해결하기 위해 베를린회의를 개최했다. 회의에서는 문명이 발달하지 않은 아프리카는 '주인이 없는 땅'으로 간주되어, 최초로 지배 체제를 확립한 나라가 그 땅을 지배할 수 있다는 '선점권'이 아프리카 분할 원칙으로 채용된다. 이에 따라 유럽 여러 나라는 아프리카를 식민지로 만들기 위해 앞을 다투어 아프리카로 밀려들었고, 에티오피아를 제외한 아프리카 전체가 불과 20년만에 유럽 나라들의 식민지가 되어버렸다.

아프리카에서 우위에 선 나라는 역시 영국이다. 영국령 케이프 식민지의 수상이자 킴벌리 다이아몬드 광산의 광산주였던 세실 로즈Cecil Rhodes는 영국 남인도회사를 설치하고 케이프타운-카이로 사이에 철도를 부설했다. 그리고 아프리카 전체를 영 제국의 지배하에 편입하려고 했다. 이어서 프랑스, 독일, 이탈리아도 각각 식민지를 획득했다.

1884년 남아프리카의 트란스발 공화국에서 세계 최대의 금광이 발견되자, 때마침 파운드 지폐 발행을 뒷받침하는 금이 부족했던 영국은 무리하게 트란스발 공화국, 오렌지 자유국을 침략하기 위한 전쟁(보어 전쟁, 1899~1902)을 개시했다. 전 세계의 비난과 보어인의 완

강한 저항을 물리치고 영국은 막대한 양의 금을 확보했다.

영일동맹을 체결한 영국의 의도

영국 해군은 강력했지만 육군은 매우 약해서 외교와 첩보로 보완할 수밖에 없었다. 그 예가 1902년에 체결한 영일동맹이다. 영일동맹과 러일전쟁으로 동아시아에서 일본의 역사는 크게 달라졌다.

청일전쟁에서 청나라가 패배(1895)하자, 유럽 열강의 중국 분할이 단번에 진행되었다. 아편전쟁 이후 지속된 영국의 강력한 영향력이 쇠퇴했고 러시아, 독일이 중국에서 이권과 세력을 확대하려는 움직임이 강해졌다. 그중에서도 세계에서 가장 강력한 육군을 가진 러시아는 영국의 강적이었다. 그럼에도 영국은 바다 세계 진출을 강하게 시도하는 독일을 억제하기 위해 러시아의 협조가 꼭 필요했다.

제2차 아편전쟁을 이용해 만주로 진출한 러시아는 시베리아 동부에 강력한 세력권을 구축하고, 독일·프랑스와 함께 일본에 삼국간섭(1895)을 행해 요동반도의 여순·대련을 거점항으로 확보하고 (독일의 거점은 산동반도의 청도), 만주 북부에서 시베리아 철도 부설권을 얻었다.

1900년에 의화단운동이 일어나자 러시아는 이를 틈타 만주를 군사 점령하고 조선을 영향 아래 두고자 했다. 중국에서 영국 이권이 위협받게 되었지만, 영국은 러시아에 대항할 육군이 없었고 독일과의 관계 때문에라도 러시아와 싸우지 못했다.

이에 영국은 일본 육군의 군사력을 이용해 러시아의 남하를 저지하려고 했다. 이런 이유로 1902년에 영일동맹이 체결되었다.

러시아는 프랑스 자본을 이용해 시베리아횡단철도를 건설했다. 위협을 느낀 일본은 동맹국 영국을 믿고 러일전쟁을 일으키게 된다.

영국은 1902년에 체결한 영일동맹으로 일본이 한 나라와 전쟁을 한다면 중립을 지키고, 여러 나라와 싸운다면 참전한다고 결정했다. 그러면서 프랑스-러시아 동맹을 체결한 프랑스의 참전을 견제했다. 1904년에 러일전쟁이 시작되자 영국은 첩보전을 벌이거나 러시아 해군에 협력하지 않는 등 측면에서 일본을 지원했다. 영국은 육지에서 부족한 힘을 교묘한 외교와 첩보로 보완했다.

파운드를 배경으로 자유무역을 추진하다

영국은 무역, 이주, 모략, 군사 등의 수단을 조합해서 각지의 전통사회를 재편했다. 2천 만 명의 일반 영국인을 캐나다, 오스트레일리아, 뉴질랜드 등으로 이주시키고 바다를 통해 식민지에 행정관, 상인, 군인을 세계 각지로 보냈다.

그 결과 빅토리아 왕조 아래에서 영국은 그레이트브리튼섬의 91배인 토지(지표면 육지의 4분의 1에 가까운), 세계 인구의 4분의 1(3억 7,200만 명)을 지배하는 사상 최대의 제국으로 바뀌었다.

복합적으로 형성된 광대한 지역에서 영국은 자유무역을 주창하면서 치외법권, 낮은 관세로 상품을 수출할 권리, 최혜국 대우 등을 획득했다. 그것은 말할 필요도 없이 압도적인 경제력을 가진 영국에게 유리했다.

패권국가 영국은 파운드 지폐를 세계의 결제 수단으로 삼고, 각국을 자유무역의 체제로 받아들였다. 영국 해군은 전 세계 바다의 해도를 작성하고, 저렴하게 각국의 상인에게 제공했다. 자유무역에 반대하는 여러 세력을 진압하고 영해의 확대에 반대했다. 또 아시아의 해적을 단속하는 등 세계 무역의 확대에 힘썼다. 그것이 패권국의 역할이고 영국의 국익에도 맞았기 때문이다.

바다의 제국 영국에게 바다에 항로를 펼치고 지배하는 일은 생명선이었다. 그 핵심은 항로의 요충지를 지배하는 것이었다. 앞에서 언급했듯이 영국은 수에즈 운하의 최대주주가 되어 해협식민지인 믈라카 해협도 확보했다.

영국 해군이 지키는 영국의 항로는 민간 선박회사에 개방되었고 항로를 따라 석탄 보급기지, 통신망이 펼쳐졌다. 19세기 후반에는 세계 상선의 절반 이상이 영국 배로, 상시 40만 명의 승객과 선원이 항로에 있었다고 한다. 런던 교외의 그리니치는 경도 측정과 세계 시간의 기준이 되었고, 같은 런던에 있는 선박 보험 집단인 로이스의 선박 신용 평가는 세계적인 기준이 되었다.

그 결과 세계의 바다는 영국 해군이 지배했고, 영국의 증기선 상선대가 세계 경제를 담당했다. 전 세계에 펼쳐진 해저 케이블이 여러 정보를 런던에 집중시켰고, 철도망도 전 세계에 펼쳐졌다.

세계의 모든 장소에서 일어나는 수많은 큰 문제, 그것도 다양한 전문 지식과 전문 기술이 요구되는 문제가 단지 한 나라 국민의 결단에 맡겨진 적은 지금까지 한 번도 없었다.

《영국 팽창사론The Expansion of England》을 쓴 역사가 존 실리John Seeley는 이렇게 바다의 제국 영국이 패권을 장악한 게 신기하다고 지적한다. 바다의 제국이 출현한 것에 대해 당시 영국의 수상 벤저민 디즈레일리도 "기묘한 일이다. 과거부터 현재의 역사 어디를 봐도 이런 예를 나는 알지 못한다"라고 말했다.

제3부

하늘의 패권과
미국

제9장

신대륙에서 급성장한
이민 대국 미국

1
팽창하는 유럽이
신대륙을 변화시키다

대도시의 인구 증가로 발생한 세계적인 변화

19세기에 일어난 도시화로 유럽의 인구는 현저하게 증가해 약 1억 명이나 늘었다. 그에 따라 새로운 식량 창고를 확보해야 했다.

대량 수송이 가능한 증기선과 철도, 신선한 식품을 부패하지 않게 운송하는 냉장 기술의 개발로 바다의 여러 시스템이 세계적으로 확대되었다.

19세기는 육지 세계의 풍요로운 자연이 대규모로 파괴되고, 도시를 유지하기 위한 농장과 목장으로 변해가는 시대이기도 했다.

막대한 수의 버펄로(들소)와 그들을 쫓는 인디언의 생활 무대였던 미국 중서부는 단기간에 개척되어 밀을 재배하는 대농장이나 가시철사로 둘러싸인 육우 목장으로 변했다. 육우는 목동에게 쫓겨 가장 가까운 기차역까지 이동한 후 시카고로 운반된 다음 대량으로 도살되어 살코기가 되었다.

남미의 아르헨티나에서 브라질 남부에 걸친 100만 제곱킬로미터에 이르는 대초원(팜파스)도 소, 양 등의 목장으로 바뀌었다. 또 오스트레일리아 내륙의 건조한 대평원은 원주민 애버리지니Aborigine의 생활 무대였지만, 영국인은 본국에서 양을 가지고 들어와 수백만 마리의 양 목장으로 변모시켰다.

이처럼 유럽인은 인구가 적은 지역으로 이주해 급격하게 개발을 진행하며 지구의 생태계를 크게 변화시켰고, 자신들을 위한 넓은 농장과 목장들을 한번에 만들어냈다. 세계 각지에서 수송된 식량은 1850년대에 400만 톤에서 1880년대에 1,800만 톤으로 크게 증가하는데, 대부분 유럽행이었다.

아메리카 대륙으로 향하는 유럽 이민

유럽 인구가 급격하게 증가하자 이민도 늘어났다. 4,000만 명이 넘는 사람들이 생활의 장을 찾아서 세계 각지로 이주했다. 1820년부터 100년 동안 3,600만 명이 미국 등 북아메리카로, 360만 명 이상이 아르헨티나 등 남아메리카로, 200만 명이 오스트레일리아나 뉴질랜드로 이주했다. 아프리카와 아시아의 여러 지역으로도 많은 사람이 이주했다.

유럽에서 성장한 자본주의 경제와 도시는 많은 유럽인을 이주하게 만들고 세계의 유럽화가 진행된다.

그렇지만 21세기가 되면 19세기 이후의 움직임에 대한 역류 현상이 일어나 유럽의 여러 나라는 아시아·아프리카에서 온 이민과 난민으로 고민하게 된다. 유로존Eurozone 내에서도 이민·난민 문제가 새로운 불씨가 되어 각국에서 이들을 밀어내려는 우파가 잇달아 대두하고 있는 것은 익히 알려진 사실이다.

2
이민 대국, 해양제국으로
변신을 꾀하다

신대륙에서 성장한 제2의 유럽

바다의 세계에서 탄생한 새로운 유형의 국가인 미국은 1820~40년대에 걸쳐 서점운동Westward movement이 진행되면서 대륙 국가로 형성되었다. 프런티어(변경) 라인은 대서양 연안에서 서쪽으로 이동하지만, 이는 유럽에서 온 이주민이 원주민 사회를 총으로 빼앗은 과정이기도 했다.

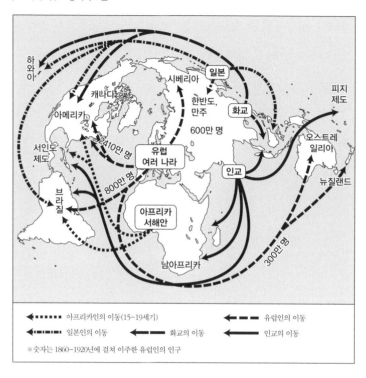

하와이

시베리아

일본

캐나다

피지
제도

한반도,
만주

화교

아메리카

600만 명

오스트레
일리아

서인도
제도

410만 명

유럽
여러 나라

인교

뉴질랜드

800만 명

브라질

아프리카
서해안

300만 명

남아프리카

◀■·········· 아프리카인의 이동(15~19세기)　　　　◀■ ▬ ▬ ▬ 유럽인의 이동

◀■▬■▬■▬ 일본인의 이동　　　◀■ ▬ ▬ 화교의 이동　　　◀■▬▬ 인교의 이동

※숫자는 1860~1920년에 걸쳐 이주한 유럽인의 인구

　이주와 개척은 유럽 이민자들 사이에 진취 정신Frontier Spirit을 기르고 미국적인 가치관의 원형을 만들었지만, 동시에 원주민이나 흑인에게는 폭력에 의한 복종의 과정이었다. 당시에는 그러한 양면성을 가진 백인 세계의 확장이 '명백한 신의 뜻(운명)'이라고 여겨졌다.

　한편, 1848년 캘리포니아에서 금광이 발견되자 동부에서 금 채굴자(포티나이너스) 약 10만 명이 캘리포니아로 몰려들었다. 이른바 골드러시gold rush다.

매우 가난한 마을이었던 샌프란시스코는 순식간에 대도시로 성장했다. 서부에서 온 이주민이 증가하며 미국은 급속하게 대륙 국가(신대륙의 육지 세계)로 변해갔다. 그중 '미국 제일주의'를 표방하는 무명의 보수적인 사람들이 자라난다.

텍사스 병합(1845), 미국-멕시코 전쟁(1846~48), 개즈던 매입(1853) 등으로 미국은 국토의 3분의 1에 이르는 토지를 멕시코로부터 빼앗았다. 미국의 국토 면적은 건국 당시보다 네 배나 확장되었다.

비참한 남북전쟁 이후 급성장한 경제

북부 소농의 농업과 남부의 면화 플랜테이션은 전혀 달라서 남북은 국가상이나 국가의 미래상에서 큰 차이를 보였다. 여러 가지 생각을 가진 사람들이 패치워크처럼 무질서하게 만들어낸 국가의 결함이 드러나게 된 것이 남북전쟁(1861~65)이라는 이름의 내전이었다.

1860년에 공화당의 점진적 노예제 폐지론자 에이브러햄 링컨 Abraham Lincoln이 미합중국 제16대 대통령에 당선되자 남부가 미합중국에서 이탈을 주장하며 싸우는 남북전쟁이 일어났다. 1865년, 약 62만 명(연방 쪽 약 36만 명, 이탈 쪽 약 26만 명)의 희생자를 내고 내전은 끝났다. 전사자의 숫자는 제2차 세계대전에서 발생한 미국 전사자보다 배로 많았다.

남북전쟁 이후의 미합중국에서는 ①평균 47퍼센트라는 높은 비율의 보호관세, ②철도망의 급속한 성장(1890년까지 6배), ③홈스테드

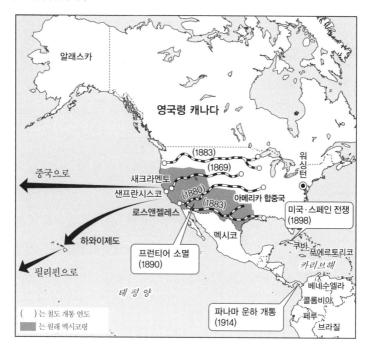

알래스카

영국령 캐나다

중국으로

새크라멘토
샌프란시스코

로스앤젤레스

(1883)
(1869)

(1880)

(1883)

워싱턴

아메리카 합중국

미국·스페인 전쟁
(1898)

멕시코

쿠바
푸에르토리코

카리브해

베네수엘라

콜롬비아

페루

브라질

하와이제도

필리핀으로

프런티어 소멸
(1890)

태평양

( )는 철도 개통 연도
　는 원래 멕시코령

파나마 운하 개통
(1914)

법에 따라 이민자에게 국유지 무상 공여, ④대륙횡단철도로 서부 시장 확대, ⑤북부 자본의 남부 진출, ⑥해외 이주민 증가 등으로 급격하게 공업이 성장했다.

철도 건설과 서부 개척의 결과, 무한하다고 생각되었던 프런티어가 1890년 소멸되었다. 그 과정에서 신흥국 미국의 공업 생산력은 영국을 제쳤다.

미국, 중국 진출을 목표로 하다

19세기 말 신대륙의 '이민 대국'이 된 미국도 바다 세계의 주역으로서 변신을 도모했다. 미국은 '바다의 미개척지'인 태평양과 혼란스러운 중국 진출을 목표로 삼는다.

1890년에 《해양력이 역사에 미치는 영향 The Influence of Sea Power upon History》을 쓴 해군 장교 앨프리드 머핸 Alfred Mahan이 새로운 국가 전략을 제창하면서, 이를 실현하는 데 필요한 해양 영향력을 강화해야 한다고 제언했다.

머핸은 미국을 대서양과 태평양 사이의 섬(대륙)으로 간주하고, 유럽에는 없는 지정학적 위치를 활용해 해양 제국으로 변신하는 것을 목표로 삼았다. 구체적으로는 대서양을 사이에 둔 영국과는 협조하고(먼로주의라는 고립 정책), 태평양 앞에 있는 노대국老大國인 중국 시장의 지배를 목표로 해야 한다고 주장했다.

당시 만주족이 만든 청나라는 몽골족의 원나라를 넘어선 유라시아의 초강대국이었다. 현재 중국은 청나라의 영역을 고스란히 이어받아 국가가 아닌 왕조시대 구조가 진하게 남아 있는 복잡한 세계다.

미국은 1898년 미국-스페인 전쟁에서 스페인을 이기고 두 대양을 잇는 카리브해를 제패함과 동시에 태평양의 하와이, 괌, 필리핀을 확보해 중국으로 진출하는 발판을 마련했다. 급격하게 성장한 미국은 중국에서 세력을 확대하고자 했는데, 이는 유라시아에 대한 신대륙의 역습이라고도 볼 수 있다.

파나마 운하의 건설과 유럽 경제의 붕괴

중국을 제압하려면 대서양 연안에서 태평양으로 물자·사람·자본이 이동하는 바닷길을 확보해야 했다. 그래서 미국은 유럽과 아시아를 잇는 인공 수로인 수에즈 운하를 따라 파나마 운하 건설에 몰두한다.

미국 정부는 3억 7천 5백만 달러라는 거액의 비용을 들여 1914년에 전체 길이 80킬로미터인 갑문식 파나마 운하를 완성했다. 그결과 미국 동부와 서부는 바다라는 굵은 파이프로 이어지고, 미국의 태평양 해역과 중국 진출이 본격화된다. 파나마 운하가 완성되자 뉴욕과 샌프란시스코 사이도 항해 거리가 약 2분의 1로 축소되었다.

운하를 완성한 해에 시작된 제1차 세계대전은 영국을 비롯한 유럽 여러 나라가 모두 몰락한 큰 전쟁이었다. 전쟁이 총력전으로 바뀌면서, 공업화에 따른 무거운 부담이 유럽 경제를 붕괴시켰다.

독일 제국, 러시아 제국, 오스트리아·헝가리 제국, 오스만 제국은 사라지고, 영국, 프랑스도 채무 대국으로 바뀌었다. 그에 따라 이 국가들은 중국에서 세력을 유지하기가 힘들었다.

유럽 세력이 후퇴하자, 중국을 둘러싸고 세계대전에서 힘을 키운 미국과 일본, 사회주의화된 소련이 삼파전을 벌이며 지배권을 다투게 되었다. 소련은 유라시아 육지의 대국이었고, 바다를 통해 중국을 지배하는 패권 쟁탈이 목표였던 미국에게 일본은 최대 적국이었다.

제10장

몰락한 유럽을
위협하는
미국 경제의 독주

1
제1차 세계대전과
유럽의 몰락

독일의 강한 도전을 받은 영국

19세기 말 기술혁신으로 독일과 미국이 대두하자, 영국의 '팍스 브리타니카Pax Britannica'를 이끈 공업의 우위가 무너졌다. 1870년에 세계의 32퍼센트를 차지한 영국의 공업 생산은 제1차 세계대전 직전에는 14퍼센트까지 후퇴한다. 그럼에도 금융 제국, 식민 제국으로서 영국의 패권은 여전히 컸다.

저렴한 노동력을 확보할 수 있다는 점에서 유리했던 미국과 독일은 중화학 공업을 중심으로 발달하며 신흥 공업국으로 대두했다. 미국과 독일은 보호관세와 새로운 기업 경영, 자금 조달 등으로 영국의 자유무역 체제와 금융 지배에 도전한다. 패권을 둘러싼 투쟁이 심화되고 정치, 군사 대립으로 인해 점차 세계는 불안정해졌다.

독일의 재상 비스마르크(1815~98)는 육지의 독일 제국이라는 기반을 굳히기 위해 건국 초기부터 프랑스를 고립시키는 협조 체제를 취했다. 그러나 독일 제국 최후의 황제 빌헬름 2세는 미국의 전략가 머핸의 영향을 강하게 받아 해양 확장 정책으로 독일의 미래를 걸고 영국의 패권에 도전한다. 육지 세력인 독일이 바다의 제국으로 변신을 도모한 것이다.

현재, 같은 육지 대국인 중국의 시진핑 정권이 성급하게 일대일로로 지배 영역을 확대하고, 해군의 군비 확장, IT 산업으로 급속하게 미국에 도전하려고 하는 모습은 과거의 독일과 닮았다.

독일이 '바다의 제국'으로 전환하는 중심은 해군에 있었다. 그런데 해군의 거점은 발트해의 킬에 있었기 때문에 독일은 유틀란트반도에 붙은 지점에 군사 수로를 만들고 함선이 북해로 직접 진출할 수 있도록 했다. 그 수로인 킬 운하는 청일전쟁 시기에 만들어졌다.

1895년 킬 운하의 개통식에 참석한 빌헬름 2세는 "독일 제국의 미래는 해상에 있다"라는 유명한 연설을 하고 영국에 맞서 바다 제국으로 변신할 것을 선언한다. 그러나 독일은 농업국에서 공업국으로 탈피하는 단계에서 바다의 제국에 대한 노하우도 부족했지만, 무엇보다도 경제 면에서 영국에게 크게 뒤쳐져 있었다.

군사 면에서 당시 영국은 바다의 패권을 유지하기 위해 제2위 해군국의 두 배에 해당하는 해군력을 계속 유지하는 정책을 취했다(2

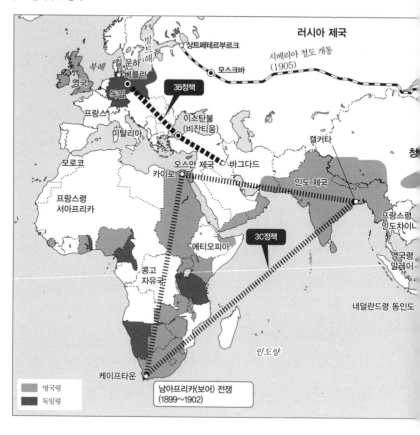

러시아 제국

시베리아 철도 개통
(1905)

상트페테르부르크

모스크바

3B정책

베를린

독일

발트해

킬운하

북해

영국

프랑스

이탈리아

이스탄불
(비잔티움)

오스만 제국

바그다드

캘커타

인도 제국

청

모로코

카이로

프랑스령
인도차이나

프랑스령
서아프리카

3C정책

영국령
말레이

에티오피아

콩고
자유국

네덜란드령 동인도

인도양

케이프타운

남아프리카(보어) 전쟁
(1899~1902)

■ 영국령
■ 독일령

국 표준주의). 독일은 단기간에 영국을 능가하는 대규모 해군력을 구축

하기 위해 1898년 이후 급속하게 대형 선박을 건조하기 시작했다.

영국은 이에 대항해 초대형 전함인 드레드노트를 만든다. 독일이

같은 규모의 군함을 건조하고 맞대응하면서 양국의 군비 확장 경쟁

(군함 건조 경쟁)이 가열되었다. 한때는 바다 세계로 전환을 이끌었던 바

이킹의 바다(북해와 발트해)가 '군사 대립'과 '군비 확장'의 바다로 바뀌었다.

그런 가운데 빌헬름 2세는 오스만 제국을 둘러싸고 영국이 지배하는 인도양으로 진출하는 노골적인 세계 전략을 구체화한다. 1898년에 직접 오스만 제국의 이스탄불을 방문한 독일 황제는 자금을 무상 제공하는 조건으로 바그다드 철도의 부설권을 획득했다.

이스탄불과 바그다드를 연결하는 오스만 제국의 횡단철도 건설은 거대 제국이 그대로 독일의 세력 아래로 들어온다는 의미였다.

베를린에서 비잔티움(이스탄불)을 경유해 바그다드까지 철도를 연장하는 독일의 계획에 맞서, 영국은 러시아, 오스트리아·헝가리 제국과 손을 잡는다. 그리고 발칸반도에서 독일의 동진을 저지하려는 외교전을 전개한다.

슬라브족 민족운동까지 끌어들여 유럽 여러 나라의 대립은 더욱 격화되었다. 유럽은 이제 독일, 오스트리아·헝가리 제국, 이탈리아의 삼국동맹과 영국, 프랑스, 러시아의 삼국협상이라는 두 개의 큰 진영으로 나누어졌다. 독일도 영국도 힘으로 상대를 굴복시키려고 했다.

세력권을 둘러싼 대립도 격해졌다. 독일은 바그다드의 외항 바스라에서 페르시아만, 인도양으로 나아가는 해양 정책을 전개하고,

인도양을 중심으로 아프리카와 인도를 떠안은 영국의 세계 정책에 비집고 들어가고자 했다. 독일과 영국은 각각 3B정책(베를린, 비잔티움, 바그다드를 잇는 정책)과 3C정책(카이로, 케이프타운[케이프 식민지 중심지], 캘커타를 잇는 정책)을 내걸고 군사력을 배경으로 물러서지 않고 싸웠다.

타협이 없는 패권 투쟁은 유럽 여러 나라를 말려들게 만들고, 제1차 세계대전(1914~18)으로 이어졌다. 그 결과 독일과 영국을 포함해 유럽 전체가 몰락하게 되었다.

군비 확장 전쟁 끝에 비참한 총력전으로 몰락하다

제1차 세계대전은 오스트리아가 행정권을 인정받은 보스니아의 수도 사라예보에서 발생한 오스트리아 황태자 부부 암살사건(사라예보 사건)에 대한 사후 처리가 부실해서 발발했다. 이를 계기로 독일, 오스트리아, 터키, 불가리아 4개국과 연합국 27개국이 싸운 큰 전쟁이 일어났다. 전쟁은 장기화되었을 뿐 아니라 무기가 발달하면서 대규모 총력전이 벌어졌다.

제2차 산업혁명으로 발달한 무기는 원거리 대량 포격이 가능했지만 병사와 시민을 구별할 수 없게 되었다. 특히 하늘에서 무차별 폭격이 이루어지면서 전쟁의 성격이 크게 바뀐다. 육지도 바다도 아닌 하늘에서 항공기를 이용해 무차별적으로 공격하는 시대로 전환된 것이다.

군대끼리 싸우는 육지의 전쟁은 바다의 전쟁이 더해지면서 국민

전체가 말려드는 경제 전쟁으로 변질되었는데, 여기에 하늘의 전쟁이 더해지면서 남녀노소 관계없이 모든 사람을 좋든 싫든 편입하는 비참한 총력전으로 모습을 바꾸었다.

원격 조작하는 대량 살상 무기는 인간의 마음을 마비시킨다. 아무리 잔혹한 행위라도 자신의 눈에 들어오지 않으면 일어나지 않은 것과 같다. 영국과 유럽은 제1차 세계대전이라는 어리석은 총력전으로 19세기에 식민지에서 얻은 부를 호기롭게 다 써버렸다. 그런 이유로 영국의 패권은 급격하게 흔들리기 시작한다.

각 나라는 대규모 전쟁을 극복하기 위해 물자를 통제하고, 총동원 체제를 시행해 병사나 후방 근무 요원을 제외한 모든 국민에게 군수 공장 노동을 강요한다. 그때까지 가정에 얽매여 있던 여성이 급속하게 사회에 진출하게 되는데, 전장에 나간 남성을 대신해 사회의 여러 곳에서 일했기 때문이다. 전후 유럽을 중심으로 여성의 정치 참여가 진행된 배경은 여기에 있었다.

2
미국에서 앞서간
항공기, 자동차, 라디오 산업

공군력에 눈을 뜬 미국

제1차 세계대전을 치른 영국은 막대한 군사비 부담으로 몰락했고, 패권은 신대륙의 미국으로 옮겨갔다. 다만 세계 금융의 중심은 제2차 세계대전 이후 런던에서 뉴욕으로 이동한다.

기본적으로 미국은 영국의 뒤를 잇는 해양 세력 국가였는데, 압도적으로 강한 공군력을 바탕으로 미국의 패권은 더욱 강화되었다. 많은 부품을 조합한 항공기 제작은 미국의 과학과 기술의 진보를 촉진시켰다. 조종 또한 고도로 복잡한 기술과 훈련이 필요했기 때문에 공군력을 확충하려면 과학, 기술, 교육의 진보가 필요했다.

하늘 이용 능력이라고 하면 공군력만을 떠올리기 쉽지만, 대륙 이용 능력이나 해양 이용 능력과 마찬가지로 단지 공군력만 의미하는 것이 아니다. 미국은 공군력으로 패권을 장악한 후, 제1단계에서는 세계를 연결하는 항공기, 제트기의 네트워크를 지배하고 제2단계에서는 인터넷으로 전 세계의 패권을 노렸다.

하늘 이용 능력은 항공기를 날게 하는 항공 회사, 공항과 공항의 네트워크, 항공기 산업, 항공기의 안전 운항을 목적으로 하는 시스템, 에너지 확보, 파일럿 양성, 항공기 정비, 항공 기술자 양성 시스템 등으로 구성되었다. 미국은 강력한 해양 세력과 하늘 세력을 합쳐 군사 패권을 장악하고 미래를 내다보면서 세계의 항공로, 항공기 제조업 지배를 목표로 삼았다.

하늘의 우위는 제1차 세계대전에서 시작되었다

항공기의 역사는 매우 짧다. 러일전쟁 직전 미국에서 하늘의 시대를 개척하는 발명이 소소하게 진행되었다.

그중 윌버 라이트Wilbur Wright와 오빌 라이트Orville Wright 형제는 매가 날개를 비트는 모습을 보고 비행 중에 움직임을 조정한다는 힌트를 얻어 날개나 방향키를 조작하는 조작 장치를 글라이더에 설치했다. 그리고 1903년에 진행한 네 번의 엔진 비행기 비행 실험에서 평균 속도 시속 52킬로미터, 체공 시간 59초를 기록했다.

이 실험에서는 겨우 약 260미터의 비행에 지나지 않았다. 누구도 거기서부터 세계가 결정적으로 달라질 것이라고는 생각하지 못했지만, 1909년에는 프랑스인 루이 블레리오Louis Blériot가 도버 해협 횡단 비행에 성공했다. 그렇지만 이때까지는 한 명을 태우고 수십 킬로미터를 나는 것이 고작이었다.

결국 총력전이라는 공업화된 전쟁이 이 상황을 바꾸었다. 제1차 세계대전에서 항공기가 유력한 무기로 개발되면서 각국에서는 항공기를 대량 생산하고 기능을 향상시켰다.

제1차 세계대전 발발 당시에는 약 470대에 지나지 않았던 항공

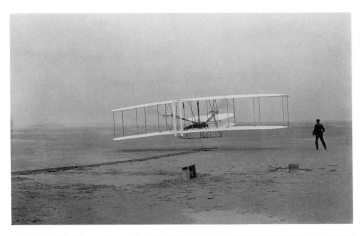

라이트 형제의 첫 비행 1903년 노스캐롤라이나주 사구에서 두 사람은 처음으로 비행했다. 조종사는 동생 오빌 라이트, 오른쪽에 서 있는 사람은 형 윌버 라이트다.

기가 4년 동안 독일의 약 4만 8천 대를 필두로 약 17만 대나 제작되었다. 시속 200킬로미터 정도로 8시간 동안 비행에 견디는 폭격기도 등장해 도시를 파괴하는 데 사용되었다.

전후, 항공기는 민간에서 사용되기 시작했다. 당시 항공기의 속도는 시속 100킬로미터 이하로, 철도보다 이익을 얻으려면 야간비행도 필요했다. 《어린 왕자 *Le Petit Prince*》를 쓴 생텍쥐페리 Antoine de Saint-Exupéry도 프랑스의 항공 회사에 근무하며 미국으로 우편물을 수송하는 파일럿이었다. 벨기에에서는 약탈을 방지하기 위해 콩고의 다이아몬드를 수송하는 항공 회사가 설립되었다.

1927년, 미국의 린드버그 Charles Lindbergh가 2만 5천 달러의 상금을 내건 대서양 무착륙 횡단 비행에 도전해 만 하루 반 만에 뉴욕과 파리 사이를 착륙하지 않고 비행하는 데 처음으로 성공했다.

사상 첫 대량 생산, 대량 소비의 시대

미국이 패권을 장악하는 시대가 되고 처음 나타난 일 중 하나가 인류 대부분이 굶주림의 공포에서 벗어났다는 것이다. 이렇듯 대량 생산과 세계적인 무역으로 '식량의 시대'가 찾아온다.

제1차 세계대전으로 세계 최대의 채권국이 된 미국에서는 전력을 이용한 전기 산업, 라디오 등의 통신 산업, 자동차 산업이 성장했고 1920년대에 '미국식 삶의 방식'이라는 쾌적한 도시 생활 스타일이 생겨났다.

대량 생산, 대량 소비, 자동차를 이용한 유통(체인점에 따른 유통혁명)이 상품의 가격을 떨어뜨리고, 물건이 넘치는 미국형의 새로운 생활 형태가 만들어졌다.

서민들도 자동차, 라디오, 가전제품을 살 수 있게 되었고, 전문 스포츠, 재즈 등의 대중문화가 활발해졌다. 동시에 미국적인 물질지상주의 경향도 두드러졌다. 이렇게 대중소비사회가 출현했다.

제1차 세계대전 이후 미국에서는 육지 세계에서는 찾아보기 힘들었던 대량 소비로 유지되는 대규모 생산이 이루어졌고, 과학기술로 하늘이 사람·물자·자본의 이동 경로가 되는 하늘의 시대가 만들어졌다.

경제 대국이 패권 획득을 망설인 이유

제1차 세계대전은 겉보기에는 영국과 프랑스가 승리한 전쟁이었다. 두 나라는 오스만 제국을 해체하고 사이크스-피코 협정으로 아랍 세계를 분할, 지배하면서 동유럽에 새로운 세력권을 구축했다. 그러나 유럽의 황폐화와 재정 악화로 영국의 패권은 흔들렸다. 이제 영국은 파운드 경제권의 금융 중심지 역할을 하는 것이 고작이었다.

경제의 패권은 전장이 아니라 각국에게 자본을 빌려주어 최대의 채권국이 된 미국으로 옮겨갔다. 그런데 미국은 패권국이 되려는 의욕이 부족했다. 협상국에 대한 전쟁 채무 상쇄나 감액을 거부하고 유럽 경제의 발목을 잡았다. 1920년대 초반에는 고율관세법을 성립시켜 시장을 폐쇄하고 유럽 여러 나라에서 적자를 해소할 수 있는 길을 막았다.

제1차 세계대전 말기에 미국 윌슨Thomas Wilson 대통령의 주도로 국제안전보장기구인 국제연합의 설립이 결정되었지만, 고립주의 입장을 주장하는 상원은 참가를 거부했다. 미국 내에서 월가는 소수파였고 보수적인 농촌의 힘이 강했다. 그래서 미국은 세계를 안정시키는 패권국가로서의 책임을 지지 않고 독립주의를 계속 유지하는 길을 선택했다.

당시 미국에서는 국민총생산에서 무역이 차지하는 비율이 1퍼센트 이하에 지나지 않았고, 해외에서 경쟁할 수 있는 경제 규모나 전문 지식도 없었기 때문에 국내 중심의 정책밖에 취할 수 없었다.

미국의 세계정책은 유일하게 동아시아 진출에 열심히 몰두하는 정도였다. 미국은 워싱턴회의(1921~22)에서 영일동맹을 해소시키고 자국의 이익을 위해 경쟁 상대인 일본이 중국에 진출하는 것을 최선을 다해 저지했다.

제11장

미국의 하늘 패권에
도전하는 중국

1
아시아의 패권을
장악하기 위해 움직이는 미국

태평양 전쟁은 패권 구상의 하나였다

제1차 세계대전으로 큰 타격을 받은 영국과 프랑스는 패전국 독일의 영토와 식민지를 빼앗고 가혹한 배상금을 부과했다. 1929년 세계공황으로 유럽 경제가 파탄나자 배상금 때문에 힘들어 하던 독일 경제는 더욱 어려워져 민중의 불만이 높아졌고, 민족주의를 내건 나치가 그 상황을 이용해 정권을 장악했다.

독일은 1939년 소련의 스탈린과 독소불가침조약, 폴란드 분할 비밀 협정을 체결하고 폴란드를 공격한다. 독일과 영국, 프랑스 사이에서는 제2차 세계대전이 발발한다. 독일군은 1940년에 파리를 함락시키고 이탈리아, 일본과 삼국군사동맹을 맺는다. 1941년에는 중동의 바쿠(현재의 아제르바이잔)에서 생산되는 석유를 요구하며 소련과 전쟁(독소전)을 개시한다.

2개월 후 미국의 민주당 출신 대통령 프랭클린 루스벨트Franklin Roosevelt와 영국의 수상 윈스턴 처칠Winston Churchill은 대서양 위에서 회담을 하고 영토 불확대, 영토 불변, 민족자결, 무역의 자유, 해양의 자유 등으로 이루어진 대서양헌장을 발표했다. 미국이 드디어 영국과 함께 패권 쟁탈전에 나서는 태세를 갖추었다.

미국이 패권을 획득하려면 태평양과 동아시아, 그리고 유럽에서 전쟁에 참전할 필요가 있었다. 루스벨트는 유럽 전선은 소련에게 맡기고, 동아시아에서 일본과의 전쟁에 전념해 전후에 패권을 장악하려고 계획했다.

공군력으로 전환을 결정한 진주만 공습

1941년 미일교섭에서 미국은 중일전쟁으로 경제가 악화된 일본에게 중국에서 철군할 것과 삼국군사동맹 이탈을 요구했다.

이에 맞서 일본은 일소중립조약을 체결하고 남부 프랑스령 인도차이나에 주둔하며 미국에 대항하겠다는 의지를 밝혔다. 미국은 헐노트[일본의 진주만 공습과 미국의 대일 선전포고 이전에 미국이 일본에 전달한 문서의 약칭―옮긴이 주]에서 일본군이 중국에서 철군하지 않으면 석유와 고철을 수출하지 않겠다고 대응했다.

궁지에 몰린 일본은 미국과 전쟁을 시작한다. 1941년 12월, 하와이 진주만에 있는 미국 태평양 함대를 기습하면서 태평양 전쟁이 시작되었다. 그 기습은 "진주만을 기억하자[Remember Pearl Harbor]!"라는 문구로 미국 내에서 선전되며 전쟁에 반대하는 공화당도 집중하게 만든 전쟁체제로 급속하게 전환되었다.

일본, 독일, 이탈리아가 체결한 삼국군사동맹은 동맹국 중 한 나라가 제3국과 교전하는 경우 다른 두 나라도 제3국과 전쟁을 시작하는 것을 명시하고 있었다. 따라서 일본이 미국을 기습하면서 이탈리아와 독일이 미국과 전쟁을 개시하게 되었고, 미국은 아시아의 뒷문에서 유럽의 전쟁에 참전할 수 있었다.

태평양 전쟁에서는 제공권을 상실한 일본의 여러 도시가 초토화되어 산업은 파괴되었고, 두 번 다시 미국에 대항할 수 없는 나라로 바뀌었다.

군사 면에서 미국군은 일본의 진주만 공습으로 이미 대함거포의 시대가 끝나고 공군력의 시대로 들어갔다는 사실을 새삼 깨닫게 된다. 거대한 전함도 하늘에서 이루어지는 공격에는 무력하다. 그래서 미국은 군사 전략 방향을 전환해 전투기·폭격기를 양산하고, 레이더 연구, 전함의 항공모함 전환을 진행한다. 미국이 해양 이용 능력에서 공군력으로 전환하게 된 계기는 역설적으로 일본의 진주만 공습이었다.

제트기 개발과 하늘 네트워크의 형성

제2차 세계대전(1939~45)은 제1차 세계대전을 훨씬 능가하는 큰 전쟁이었다. 전쟁의 결과 패전국인 독일·일본·이탈리아뿐 아니라 영국·프랑스·소련(현 러시아)도 함께 큰 충격을 받아 미국이 단독 승전국이 되었다.

미국 공군은 유럽과 일본, 해상에서도 기동성과 파괴력을 발휘해서 압도적으로 승리했다. 그러나 전쟁 중에 프로펠러기보다 두 배 속도가 빠른 제트기를 전투기로 실용화한 나라는 영국과 독일이었다.

하늘의 패권을 목표로 하는 미국은 전후 냉전을 이용해 공군력을 강화하고, 소련은 미국에 로켓 기술로 대항했다. 냉전은 공군력을 통한 패권 다툼이라고도 할 수 있다.

미국은 지속적으로 막대한 군비를 지출하며 압도적인 항공 전력을 유지했다. 민간 제트 여객기 개발을 위한 노력으로 하늘 네트워크의 지배를 노렸다. 1950년대 말에는 보잉사, 더글러스사 등에 의해 제트 여객기가 개발되었고, 1960년대에는 많은 여객을 수송할 수 있는 보잉747이 등장했다. 이때부터 항공 요금이 낮아지고 세계의 하늘이 제트 여객기로 연결되기 시작했다. 이렇게 하늘의 시대가 되었다.

하늘 네트워크는 미국 패권의 일부로, 미국의 주도로 형성되었다. 미국의 하늘 패권 제1단계였다.

현재 수백만 개의 부품을 조립하는 항공기 제조는 미국의 보잉사와 그에 대항하는 형태로 만든 유럽연합(프랑스와 독일)의 에어버스사가 지배하고 있으며, 이 두 곳에서 대량의 제트기를 세계에 공급하고 있다.

국제항공운송협회IATA에 따르면 2018년 세계 항공기 이용자 수는 연간 43억 명에 달하고, 저가항공사LCC의 보급으로 2036년에는 78억 명에 달할 것으로 예측된다. 특히 중국의 항공기 보급 속도는 굉장해서 2022년에는 미국의 승객수를 앞지를 것으로 예측할 정도다.

중국의 항공 운송량이 급격하게 증가하는 가운데, 보잉사와 에어버스사가 다소의 기술 유출을 무릅쓰고 중국 시장 확보를 위한 합병 사업을 전개하고 있다. 앞으로는 중국의 민간 항공기 제조 회사가 틀림없이 발전할 것이다.

미국의 무기인 민주주의와 가상의 적

19세기 영국은 스스로 본보기를 보이며 바다에서 여러 대륙을 잇는 시스템 구축을 선도하고 패권을 유지했다. 그러나 갑자기 차례가 돌아온 미국은 그때까지 국내 통일도 제대로 하지 못한 신흥국으로 단기간에 곧바로 패권 체제를 구축해야 하는 과제를 떠안았다.

미국이 본보기로 삼은 대상은 당연히 영국의 파운드 지폐, 무역 결제 시스템, 자유무역, 해군력, 첩보 시스템 등이었다. 다만 세계 공황 이후 경제의 침체, 제2차 세계대전의 격렬한 전쟁으로 국제사회와 경제는 갈기갈기 찢어졌다. 따라서 미국은 세계 경제를 부흥시키고, 미국의 패권 장악을 여러 나라에 납득시켜야 했다. 게다가 국론이 분열된 상황 아래에서 단기간에 패권 체제를 구축해야만 했다.

미국은 지속적으로 파시즘, 일본, 소련, 중국 등 위협이 되는 적을 설정하고, 미국을 지킨다는 구실로 해군·공군·해병대를 증강해서 패권 체제를 구축했다.

1930년대는 세계 공황에서 벗어나기 위한 뉴딜정책이 실시되던 시기였지만, 그 시기에 미국의 민주당은 이미 전후 패권 체제의 청사진을 그리고 있었다. 루스벨트 대통령은 제2차 세계대전에 미국의 참전과 승리를 확신하고 국무성과 재무성 등을 동원해 전쟁 후의 패권 프로그램을 주도적으로 준비했다.

미국의 패권 구상은 소련과 중국을 이용해 제2차 세계대전을 '민주주의와 파시즘의 전쟁'이라고 선전하고, 파시즘을 타도한 연합국이 민주적으로 세계 질서를 정립하며, 미국은 이를 주도한다는 내용이었다. '불행한 세계전쟁을 재발시키지 않는' 것이 슬로건의 중요한 핵심이었다.

1945년 얄타회담에서 프랭클린 루스벨트, 윈스턴 처칠, 스탈린 등 세 명 사이에서 체결된 얄타협정이 전후 세계의 구체적인 청사진이 되었다. 소련의 대일 참전을 규정한 비밀협정으로 프랭클린 루스벨트는 만주, 남사할린, 쿠릴 열도를 소련이 영유하는 것을 인정했다.

패권의 토대가 된 세 가지 회의

미국은 1944~45년에 개최된 세 가지 국제회의에서 전후 패권의 구조화를 제안했는데, 다음과 같다.

① 국제연합 설치에 관한 덤버턴오크스회의 개최. 이를 받아들여 1945년에 51개국이 가입한 국제연합이 창설되었다. 미국, 영국, 프랑스, 소련, 중국이 '5인의 경찰관(안전보장이사회에서 거부권을 가진 상임이사국)'이 되어 국제 분쟁을 해결하고 평화를 유지하는 중심국이 되는 것이 목표다.

② 전후 세계의 경제 질서에 관한 브레턴우즈회의 개최. 유일하게 금과 교환 가능한 달러 지폐를 기축통화로 하는 고정환율제에 따라 달러를 세계통화로 하고, 화폐와 금융을 통해 미국이 경제 면에서 세계의 패권을 장악하는 체제가 만들어졌다. 국제통화기금IMF, 국제부흥개발은행(세계은행)이 미국의 경제 패권을 유지하는 기능을 담당한다.

③ 전후의 민간 항공기 노선과 민간 항공기 판매에 관한 시카고민간항공기회의 개최. 미국은 장기적으로 지구를 뒤덮는 민간 항공기 네트워크를 만들고 항공기의 제조·판매를 미국 패권의 일부로 자리매김하고 주도권을 노렸다.

시카고민간항공기회의에서 항공기의 판매, 항로 만들기, 운항기술, 항공관제, 공항 관리, 테러 대책 등을 의논하는 국제민간항공기관ICAO(국제연합의 전문기관)이 설립되었다. 그 아래로 세계의 민간항공기 회사의 조직인 국제항공운송협회IATA가 만들어지고, 세계의 운항

규칙 책정, 항공권의 정산 등을 통해 여객기의 세계적인 네트워크가 만들어졌다.

미국은 일찍이 영국이 증기선으로 '세계의 바다'를 얻었듯이 항공기로 '세계의 하늘'을 지배하려고 했다.

단기간에 만들어진 패권 체제

1989년에 냉전이 종결되기 전 미국의 패권은 다음과 같은 특징이 있었다.

① 영국과 협조하고 영국의 패권을 기본적으로 그대로 계승한다.

② 핵무기 독점과 강력한 공군력이 군사력의 핵심이다.

③ 파시즘과 민주주의의 대립이라는 전쟁 선전을 충분히 활용한다. 미국이 민주주의, 인권, 세계 평화 등을 지키는 주역이라는 이미지로 국민에게 패권 형성에 대한 지지를 얻는다.

④ 19세기의 식민지 체제를 타파하고 미국 기업에 유리한 비즈니스 환경을 정비한다.

⑤ 국제연합 안전보장이사회의 상임이사국(5인의 경찰관) 지위를 패권 유지에 이용한다.

⑥ 달러가 금과 교환할 수 있는 유일한 통화가 되고(금달러본위제), 고정환율제를 적용해 달러가 세계의 기축통화로 쓰이는 화폐 시스템을 만들어낸다.

⑦ 보호관세를 철폐하고 자유무역을 추진한다.

⑧ 민간의 항공망, 특히 제트기망을 주도한다.

　전후 미국은 공업 생산량이 전 세계의 절반 이상을 차지했고, 4분의 3 이상의 금을 축적하고 있었다. 하지만 어디까지나 신흥국이었지 반드시 패권국으로 인정되지는 않았다. 따라서 세계가 경제적인 어려움에 처해 있는 동안 패권을 형성하는 구조를 만들어야 했다.

　그래서 미국은 '민주주의와 파시즘의 전쟁'에서 민주주의의 리더로 자국을 선전하고 국제연합을 이상화해 패권 체제를 단기간에 형성했다.

　미국의 패권은 기본적으로 달러의 힘에 기대고 있다. 따라서 미국의 통화를 유일한 세계통화로 만드는 일에 성공한 것이 패권의 토대가 되었다. 미국의 패권 체제는 금달러본위제가 적용된 1944년부터 달러가 불환지폐가 되는 1973년까지 계속되었다.

전 세계로 확장된 미소 냉전

전후 세계에서는 1946~89년까지 약 40년 동안 미소 냉전이 이어졌다. 바다와 하늘에서 패권을 장악한 미국에 맞서 동유럽을 세력권으로 편입하고 육지에서 패권을 장악한 소련이 사회주의라는 이데올로기를 전면에 내세워 대항한 것이 냉전이다.

　1949년 중국의 사회주의화, 한국의 6·25 전쟁, 쿠바 위기, 베트남 전쟁 등 미국과 소련의 대립은 전 세계로 확장되며 '냉전'이라고 불렸다. 미국은 '봉쇄정책'으로 소련을 포위했다. 그리고 양 진영의 핵 군비 확장이 이어졌다. 그러나 1960년대 중반, 양국은 냉전 상태의 불안을 이용해 자국민과 동맹국을 관리하고 영향력을 행사했다.

미국은 제2차 세계대전 이후 비대화한 군대를 유지하고 북대서양조약기구NATO 가입국을 종속시키기 위해서 냉전이 필요했다. 소련도 제2차 세계대전으로 물자가 부족함에도 동유럽 여러 나라를 바르샤바조약기구를 통해 지배했다.

그러나 미국, 소련에게 편리한 공모의 냉전도 점차 지속하기 힘들어졌다. 소련의 경제가 급속하게 흔들리기 시작했기 때문이다. 기술이나 재정 면에서도 미국과 소련 사이에는 큰 차이가 있었고, 소련은 군비 확장 경쟁과 경제 경쟁에서도 미국을 이기지 못했다.

결국 페레스트로이카[1985년 4월에 고르바초프가 실시한 사회주의 개혁 정책—옮긴이 주]에 실패한 고르바초프가 냉전을 끝냈다. 그 후 소련은 1991년 공산당 쿠데타에 실패한 일을 계기로 해체되며 러시아연방공화국을 포함해 11개국으로 이루어진 독립국가연합이 만들어졌다.

그 결과 미국의 1강 체제(G1)가 출현한다. 소련이 붕괴되며 사회주의가 위기에 빠진 중국에서는 톈안먼 사건 이후 집권한 장쩌민이 공산당의 일당독재만 남기고, 자본주의의 길을 걷게 된다.

사회주의 소련의 붕괴와 중국의 자본주의화로 미국의 패권 체제가 변형되었다. 마침 글로벌 경제가 진행되는 가운데 미국은 자본과 기술을 중국에 이전하고 중국을 거대한 하청 공장으로 바꾸어간다. 이렇게 19세기 말 이후의 중국을 장악하는 세계 전략이 겨우 실현

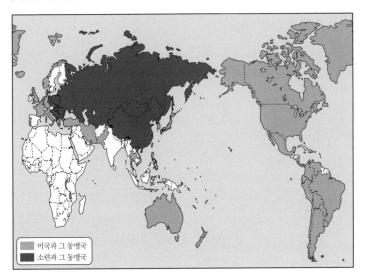

미국과 그 동맹국
소련과 그 동맹국

된 셈이다.

　미국 기업은 중국에 자본과 기술을 이전하고 저렴한 노동력을 이용해 이익을 얻었다. '메이드 인 차이나made in China'가 세계에 넘치면서 중국 경제도 단숨에 약진한다. 미국과 중국의 밀월로 세계의 경제 구조가 크게 바뀌었다.

2
미국의 달러 위기와
인터넷 보급

달러 위기와 하늘 세계의 재편

미국은 달러 지폐의 가치를 안정시켜 세계에 계속 공급하면서 경제의 패권을 유지했다. 과거 건조지대에서 제국이 곡물의 순환을 보장했던 것과 같다. 그런데 1950년대 후반부터 달러의 순환이 잘 이루어지지 않았다. 미국의 국제수지 적자가 확대되었기 때문이다.

미국에서 대량의 달러가 유출된 일로 각국의 달러 잔고가 증가하고 과잉 발행된 달러 지폐의 신임이 흔들렸다. 1958~59년 동안 34억 달러나 되는 금이 미국에서 국외로 유출되었다고 한다.

미국은 달러를 지키기 위해 달러 거래를 제한했다. 하지만 이를 싫어한 런던에서 유로 달러(미국으로 돌아가지 않고 유럽에서 투자에 사용될 수 있는 달러) 시장이 성장했다. 미국은 각국 정부에 달러와 금의 교환을 멈추도록 요청했지만 효과를 거두지 못하고 달러 가치는 계속 떨어졌다.

1971년에 달러 절상을 기대한 통화 투기가 환시장을 덮치자 같은 해 8월, 이 상황을 버티지 못한 미국 대통령 리처드 닉슨Richard Nixon은 어쩔 수 없이 달러와 금의 교환을 정지했다. 1973년 1월에 주요국은 변동환율제[환율을 고정하지 않고 시장의 추세에 따라 변동하는 제도—옮긴이 주]로 이행한다.

달러가 불환지폐가 되자 미국의 패권은 크게 흔들렸다. 달러는 석유 매매에 이용되는 유일한 지폐로 기축통화 자리를 간신히 유지한다. 거의 비슷한 시기에 제4차 중동 전쟁(1973)과 이란 혁명(1979)이 일어나 석유 가격이 급등한다. 세계 경제는 달러가 큰 폭으로 하락하면서 발생한 인플레이션과 에너지 비용이 급상승(석유 위기)하면서 발생한 심각한 디플레이션이 덮쳤다.

기업은 에너지 비용의 상승을 저렴한 노동력으로 보완하기 위해 자본과 기술을 임금이 낮은 아시아 각지로 일제히 이전시켰다. 제조업은 일본, 독일이 주도하고 있었지만, 대만·홍콩·한국·싱가포르·동남아시아 여러 나라·중국·인도 등이 새롭게 도입된 선진 기술로 급속하게 공업화되며 경제가 급성장했다.

그런 가운데 미국은 패권을 유지하기 위한 수단으로 군사 기술인 인터넷을 민간으로 이전시켰다. 인터넷은 1990년대 이후 급속하게 성장해 세계적으로 가상공간이 조밀해졌고, 금융과 정보산업이 이끄는 미국형 금융 자본주의를 유지하기 위해 기술체계를 급속하게 만들어냈다.

미국은 인터넷을 통해 하늘의 패권 제2기에 들어갔다고 할 수 있다. 이로써 제2의 대항해시대라고 부를 만한 세계적인 가상전자공간이 만들어졌고 미국이 패권을 재편했다.

글로벌 경제와 재정난으로 가난해지는 국가

미국이 선택한 방법인 경제의 금융화와 기업의 다국적화는 세수를 감소시켰다. 그리고 국가의 힘을 약화시키고 국민의 생활 기반을 불안정하게 만들었다. 한편 영국은 바다 세계에서 축적한 부를 이용해 조세피난처를 만들고 전 세계의 기업에 절세의 기회를 제공하며 세계 제일의 금융국가 자리를 탈환했다. '자국 제일'은 미국만이 아니었다.

21세기에도 각국의 이해관계가 대립하고 있으며, 전통과 문화가 다른 세계 각국의 정치적인 협조나 통합은 지지부진하다. 영국의 유럽연합 탈퇴나 유럽연합 내부의 대립이 그것을 잘 보여주고 있다. 정치에서는 여전히 육지의 세계가 이어지고 있다.

또한 역사적으로 형성되어온 민족 대립, 종교 대립은 뿌리가 깊고, 국제 사회는 새로운 규칙을 좀처럼 만들어내지 못하고 있다.

그런 가운데 이익을 극대화하려는 세계적인 기업은 국제 경쟁이 심화되었다는 명목으로 정부에 감세를 요구한다. 값싼 노동력을 이용할 수 있는 국외로 기업을 이전하고 조세피난처를 통해 세금을 피하는 등 국경을 넘는 경제 활동이 강화된다. 세수는 줄고 국가 재정은 가난해질 수밖에 없다.

국내의 빈부 격차 확대, 이민·난민의 유입에 대한 대응, 국제화에 따른 인프라 정비, 사이버 테러에 대응하는 비용 부담 등으로 지출은 증가하는 한편, 국가 재정은 어려워지는 흐름이 더욱 강해졌다.

그러자 주권재민과 다수결 원리를 배경으로 인기를 얻은 포퓰리

즘이 대두한다. 미국이 공화당 도널드 트럼프 대통령이 주장하는
'미국 제일주의'로 전환하고, 영국이 국민투표의 결과로 유럽연합
탈퇴를 결정하게 된 것 등이 바로 포퓰리즘에 해당한다.

리먼 브라더스 사태로 차이메리카에 균열이 생기다

세계적인 기업들이 생산 비용을 낮추기 위해 생산 거점을 해외로
계속 이전한 결과 미국의 제조업은 무기 생산, 항공기 등의 분야를
제외하고 쇠퇴하기 시작한다. 그래서 미국은 1990년대의 인터넷
보급을 이용해 IT기술을 활용한 금융, 서비스 부문에서 경제 성장
을 목표로 삼고, 전 세계 경제의 금융화를 추진했다.

냉전이 끝난 후 미국의 제조업은 세계 인구의 5분의 1을 차지하
는 중국을 하청으로 만드는 데 성공하고, 19세기 이후 중국을 장악
하려는 세계 전략이 달성된 것처럼 보였다. 옷부터 컴퓨터까지 다
양한 제품을 미국 기업이 기획하고 중국에서 만들었다. 중국 산업
계가 미국 기업의 하청이 되는 상황은 '차이메이커'라는 신조어(역사
학자 니얼 퍼거슨Niall Ferguson이 주창했다)까지 만들어냈다.

한편, 냉전이 끝나고 소련이 붕괴하며 러시아의 세력이 약화되었
기 때문에, 미국의 패권은 흔들리지 않을 것처럼 보였다. 하지만 채
권을 증권화하면서 금융 상품·금융 파생 상품을 마구 만들고 세계
적으로 이자를 얻으려고 동분서주한 미국의 금융과 경제는 2008
년에 큰 타격을 받는다. 바로 리먼 브라더스 사태다.

미국 금융업은 달러 지폐를 마구 발행하고, BRICs(브라질, 러시아, 인도, 중국)에 대한 투자 거품으로 겨우 위기를 모면했지만, 일반 기업이나 서민은 경제 부흥에서 뒤쳐졌다. 이로 인해 미국 국내에서는 빈부격차가 심화되었고 서민들의 불만이 커졌다.

리먼 브라더스 사태로 대미 무역이 침체되자 중국 정부는 4조 위안의 국가 투자를 마중물로 내륙에 고속도로, 고속철도 등의 교통 인프라를 정비하면서 전 세계적인 불경기를 완화시켜 존재감을 강화했다. 그러나 과잉투자에 따른 건설 거품이 심각해지자 점차 육지 세계의 모순을 지연시킨 중국의 실정이 드러났다.

마오쩌둥의 후계자가 되려는 국가주석 시진핑은 국내의 모순을 해결하는 과정은 무시하고, 경제 팽창 정책(일대일로)을 통해 미국으로부터 자립해 대국이 되는 목표를 지향한다. 중국인이 천하(세계)를 지배한다는 중국식 내셔널리즘으로 대중의 불만을 누그러뜨리려 한다.

3
글로벌 기업의 미래와
중국의 도전

거대 IT기업 GAFA이 패권을 잡다

미국이 장악한 하늘의 패권은 1990년대 이후 항공 산업에서 인터넷이 형성한 세계적인 전자공간을 지배하고 이용하는 IT산업으로 옮겨갔다. 그리고 세계적으로 가상공간의 기능을 다면적으로 활용해 단기간에 패권의 재편에 성공한다.

현재는 미국이 하늘 세계에서 거대기업이 된 GAFA를 통해 경제 패권을 재편하고 있는 중이다. GAFA는 G(구글=검색사업), A(애플=스마트폰 단말기 생산·공급), F(페이스북=12억 명의 SNS), A(아마존=전자 시장의 소매업)를 가리킨다.

세계적인 네트워크를 만들 필요가 생기면서 IT기술은 전 세계로 확산되었다. 특히 중국은 공산당 정권 아래에서 화웨이, 알리바바, 텐센트, 바이두 등의 거대 IT기업이 급속하게 성장한다.

문명 형성기에 육지 세계는 보리 재배 문명인 이집트·메소포타미아·인더스와 조 재배 문명인 황하로 나누어졌다. 마찬가지로 인터넷 플랫폼도 비슷하게 미국권과 중국권으로 양분되려고 하고 있다.

GAFA는 이윤을 확대하는 세계 전략과 플랫폼을 가진 빅데이터, 인공지능 등의 도입으로 경제 패권을 강화한다. GAFA의 자산은 독일의 국민총생산에 필적한다고도 할 정도다. IT기술을 구사하는 거인 GAFA는 인류가 탄생한 이래 최초의 '패권' 기업이라고 해도 과언이 아니다.

제국이나 나라가 아닌 GAFA처럼 서비스를 제공하는 기업이 막대한 부를 얻는 현상은 하늘 세계 패권의 이상적인 모습을 상징적으로 보여주고 있다고 할 수 있다.

미국의 패권에 도전하는 중국의 '3단 뛰기'

중국은 시진핑 국가주석 체제에서 육지, 바다, 하늘 모든 면에서 미국을 따라잡고 새로운 패권국이 되는 것을 목표로 삼았다.

많은 모순을 안고 있는 육지의 옛 대국 중국이 축적된 모순을 해결하지 않은 채 단숨에 '3단 뛰기'를 완성해 21세기의 패권을 장악하기는 매우 어렵다고 예상된다. 하지만 중국은 나름대로 착착 준비를 하고 있는지도 모른다.

중국은 미국의 '차이메리카' 정책하에서 축적해둔 막대한 달러로 인민폐를 발행한다. 러시아의 힘이 약화된 유라시아의 육지 세계를 둘러싸고 '중국 민족의 위대한 부흥'을 목표로 '일대일로'라는 세계 전략을 추진한다.

일대일로는 몽골 제국의 쿠빌라이 칸이 추진했던 아시아 원환 네트워크에서 말을 고속철도로 바꾼 육지 세계의 패권 전략이라고 볼 수 있다.

| 중국의 '일대일로' 정책

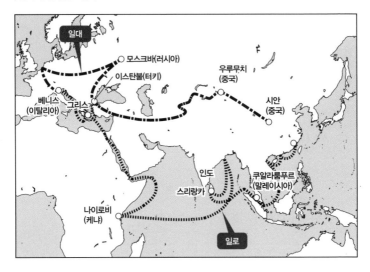

육지 세계에서 현재 중국은 농경지대와 목축지대를 통합한 청나라의 영역과 제도를 그대로 이어받았다. 중국은 구조의 근대화를 추진하기보다는 경제 성장을 위해 낡은 구조를 그대로 이용하고 있다. 국민은 3분의 2인 농촌 후커우[중국의 호적 제도, 우리나라의 주민등록제와 비슷한 신분과 거주지를 증명하는 제도인데, 현실적으로 이동이 불가능하다는 점이 특징이다―옮긴이 주]와 3분의 1인 도시 후커우로 나뉘고, 값싼 노동력을 제공하는 농민공(농촌 후커우를 가진 사람들)이 도시의 번영을 지탱하고 있다.

게다가 중국은 수·당시대의 균전제와 같이 토지의 소유권이 국가에 있다. 이러한 왕조시대의 구조로 현재 세계의 패권을 장악하려면 구조 개혁(근대화)은 꼭 필요하다. 구조 개혁 작업에는 많은 시간과 힘을 들여야 한다.

바다가 여러 대륙을 통합하는 바다의 세계에서 육지의 제국이 단시간에 패권을 장악하기는 힘들다. 이는 독일과 소련의 예를 들지 않아도 알 수 있다. 이처럼 바다의 제국을 형성하는 데는 시간이 오래 걸린다.

중국은 남중국해를 둘러싸고 해군 확충, 항공모함 건조, 항공기 양산을 통해 바다의 패권국으로서 변화를 시도하고 있다. 그렇지만 기존의 중국이 전형적인 내륙 제국이었기 때문에 실제로 바다에 진출한 경험은 극히 적다.

1920~40년대 중국이 국가를 형성할 때에는 내전도 홍군(인민해방군, 즉 육군)이 그 역할을 맡았다. 군대의 중심을 해군으로 옮기는 일도 쉽지 않고, 바다의 패권을 장악하는 것은 더욱 어렵다. 이것이 중국이 안고 있는 기본적인 모순이다.

그래서 중국은 최첨단 과학이 담당하는 하늘 세계에 도전하게 된다. 이미 제트 여객기망을 확대했고, 베이징에 건설하는 세계 최대 제2공항도 완성되기 직전이다. 또한 세계 최첨단의 드론 기술도 갖고 있다. 지구를 둘러싼 전자공간 분야에서는 세계 인구의 5분의 1을 차지하는 우위를 살려 알리바바, 텐센트, 바이두 등 거대 플랫폼을 구축했다. 중국은 단기간에 미국과 필적하는 IT대국으로 뛰어오를 기세다.

지금 세계는 '제4차 산업혁명'이라 불리는 IT산업의 대혁명기에 다다랐고, 그 중심은 4G에서 5G(이동통신의 차세대 통신규약)로의 전환이다.

중국은 국가 정책으로 막대한 자금을 IT산업에 집중하고, 5G 전환을 통해 단숨에 하늘 세계에서 패권을 확립할 기회를 노리고 있다. 중국의 성급한 도전, 즉 단기간에 육지에서 바다, 하늘을 향한 3단 뛰기는 제1차 세계대전 이전 영국을 향한 독일의 도전을 방불케 한다.

5G를 둘러싼 미국과 중국의 패권 다툼

시진핑 정권은 중화인민공화국 건국 100주년인 2049년까지 세계적인 제조 대국이 되는 것을 국가 목표로 내세웠다. 2019년에는 앞으로 10년간 제조업의 디지털화, 네트워크화, 인텔리전트화를 추진해 제조강국의 대열에 들어간다는 '중국 제조 2025'를 발표했다.

성장을 위해 중점을 둔 분야는 차세대 정보통신·로켓·로봇·항공 우주 산업·해양 엔지니어링·첨단 철도 교통·에너지 절감 자동차·신소재·바이오의약 등으로, 현대 경제의 첨단 분야가 총망라되어 있다.

세계의 주요 과제는 2020년경에 시작될 사물인터넷IoT과 인공지능 사회에서 기반이 되는 5G 전환이다. 고속화와 대용량화로 통신의 속도는 지금보다 100배 빨라지고, 1제곱킬로미터당 100만 개의 단말기와 접속이 가능하다. 5G는 건물·전화·기계·자동차·의료 기기 등 모든 물건이 인터넷을 통해서 연결되는 IoT에 꼭 필요한 통신기술의 혁명이다.

미국 입장에서는 5G 기술에서 중국에 주도권을 빼앗기면 인터넷을 중심으로 한 패권이 무너지고 중국으로 대체될 수 있다고 우려할 수 있다. 그래서 5G를 둘러싼 미·중간 경쟁이 세계적으로 첨예화되고 있다.

2017년 하이테크 분야에서 품목별 세계 1위국을 조사해보면 미국이 24품목, 일본이 10품목, 중국이 9품목이다. 중국은 이동통신 인프라(기지국) 건설 기술, 방범카메라 부문에서 세계적으로 뛰어나다. 5G 전환에 필수인 기지국 건설에서 중국의 화웨이가 1위(약 30퍼센트), ZTE(중국의 통신 기기 대기업)가 4위(약 13퍼센트)를 점유하고 있다.

화웨이는 인민해방군을 모체로 설립되어 급성장한 기업이다. 그래서 미국은 의회도 대통령도 정부도 5G 전환을 계기로 IT산업의 패권이 중국으로 옮겨갈 것을 우려해 화웨이 공격에 나섰다. 2018년 12월에 화웨이의 CFO가 캐나다에서 체포된 사건에서도 알 수 있듯이 현재 진행형이다. 중국도 5G 전환은 패권을 장악할 수 있는 큰 기회이기 때문에 어떻게든 화웨이의 지위를 유지하려고 맞서고 있다. 5G는 미·중간 패권 다툼의 최전선이 되었다.

하지만 패권을 장악한다는 것은 세계적으로 다수에게 지지를 받고 전쟁을 막고 경제를 안정시키는 데 책임을 다하는 역할과 같다. 자국의 세력 강화, 또는 도전하는 자세만으로 패권을 얻을 수 있는 것은 아니다. 인류의 미래를 내다보고 기여하는 점이 없다면 세계를 천하로 인식하는 중국식 내셔널리즘이 패권 장악으로 이어지기는 힘들다. '미국 제일주의' 역시 마찬가지다.

IT기술로 유지되는 하늘의 세계는 합리적·효율적으로 작동하지만, 실제로는 육지의 세계, 바다의 세계와 합쳐져 있다. 매우 많은 사람이 육지와 바다를 생활의 무대로 생각하고 있다. 기업의 이익을 높이기 위해서 단순하게 무너뜨려서는(이노베이션) 안 된다. 할 수 없는 일은 뻔하다.

가까운 미래에 역사적으로 형성되어온 세계와 인터넷 세계 사이의 모순이 확장되는 것도 예측할 수 있다. 육지, 바다, 하늘이 복합적으로 만들어온 세계사를 통해 지금 다시 한번 세계를 돌아볼 필요가 있다.

육지·바다·하늘로
파악하는 세계사 강의

세계사의 구조적 변화를 이끈 패권국

문명의 탄생 이후 약 5,000년 동안 세계사에서 패권을 주도한 세력을 셋만 들자면 몽골 제국, 영 제국, 미국을 꼽는 게 상식적이다.

지난 5,000년 동안 세계사의 주요 무대는 육지→바다→하늘로 변화해왔다. 유라시아에서 오래 지속된 '육지'의 역사, 대양(대서양, 인도양, 태평양)이 다섯 대륙을 연결한 '바다'의 역사, 항공망이 연결하는 '하늘'과 인터넷의 가상공간으로 이루어진 '하늘'의 역사 순으로 크게 바뀌어온 것이다.

몽골, 영국, 미국은 각 순서에 대응하는 패권국이다. 현재는 '하늘'의 패자로 군림하는 미국에게 유라시아의 중국이 도전하는 중이다. 섬나라 일본은 이러한 세계사의 구조적 변화에 무관심하게 살아왔다. 일본인이 세계를 중요하게 의식하기 시작한 시기는 태평양 전쟁으로 일본이 폐허가 된 후가 아닌가.

전쟁 이전, 일본은 세계사를 배우지 못했다

폐허가 된 땅에서 나라를 재건하려면 세계의 현실과 흐름을 알아야 했다. 그래서 전쟁이 끝나고 4년 후인 1949년에 신제고등학교新制 高等學校[1947년에 시행된 학교 교육법에 근거한 고등학교—옮긴이 주] 교과목으로 '세계사'가 등장했다. 1949년 당시 대학에는 동양사학과, 서양사학과 가 있을 뿐이었다.

동양사는 중국의 왕조 교체사이고, 서양사는 19세기 유럽에서 시작된 기독교적 진보 관점에서 보는 역사다. 동양사와 서양사는 에도시대 이전에 모범으로 삼았던 중국, 메이지 이후 모범으로 삼은 유럽을 이해하기 위한 역사로, 세계를 알기 위한 역사는 아니었다.

동양사에서 2000년 이전부터 성립된 고색창연한 왕조의 변천 이라는 틀이 사용되었다면, 서양사는 진화론의 영향을 강하게 받은 젊은 학문이었다. 하지만 동양사와 서양사 모두 일본인에게는 다른 문명 수용의 일부였다. 즉, 모방의 대상이고, 자신들의 머리로 세계 를 인식한 것은 아니었다.

그런데 19세기에 들어서면서 체계화된 강력한 유럽의 서양사가 동양사를 편입하는 형태로 세계 역사의 틀이 만들어졌다. 일본의 학교에서 '세계사'는 이렇게 시작되었다. 섬나라인 일본에서는 획 기적인 사건이었다.

냉전 후 필요하게 된 새로운 세계사

냉전의 종결, 소련의 붕괴, 경제의 세계화, 아시아 경제의 회복 등이 이어져 1990년대가 되면 '세계사'의 구조를 크게 재검토할 필요가 생겼다. 그 무렵 나는 세대적으로도 그 문제에 대응해야 했기 때문에, 운명적으로 새로운 세계사의 구조(학습 지도 요령, 고등학교 '세계사')를 만드는 구성원이 되었다.

어떠한 구조를 만들면 전체적으로 세계의 변화를 파악할 수 있을까. 상당히 어려운 문제였지만, 최종적으로 ①여러 지역 세계와 교류권, ②일체화되는 세계, ③현대의 세계와 일본 등 세 부분으로 나누어 세계의 변화를 파악하는《세계사 A》의 간단한 구성이 만들어져 1999년에 고시되었다. 또한 각 과정에서 지향하는 학습 목표는 다음과 같다.

①풍토, 민족, 종교 등에 주목하여 유라시아를 중심으로 형성된 여러 지역 세계의 특징을 파악한다. 또 여러 지역의 상호 교류를 접하고, 세계의 일체화로 이어지는 교류권의 성립을 이해한다.

②16세기 이후 세계 상업의 발전과 산업혁명 후 자본주의 확립을 중심으로 세계의 일체화 과정을 이해한다. 그 무렵 유럽의 동향과 일본 등 아시아 여러 나라의 대응에 주목한다.

③지구 전체가 일체화되는 현대 세계의 특징과 전개 과정을 이해하고, 인류의 과제에 대해 고찰한다. 그 시기 세계의 동향과 일본과의 관계에 주목한다.

공적인 문서여서 딱딱하지만 간단하게 다시 말하면 다음과 같은 구성이다.

① 유라시아의 오랜 '육지'의 역사

② 대항해시대 이후 지구 표면의 70퍼센트를 차지하는 대양이 육지를 통합한 '바다'의 역사

③ 제2차 세계대전 이후 '하늘(항공망과 인터넷)'이 세계를 연결하는 역사

이 세 가지 항목은 다시 아래와 같이 정리하면 이해하기 쉽다.

① 오랜 기간에 걸친 역사로 대표적인 패권국은 몽골 제국

② 약 450년의 역사로 패권국은 영 제국

③ 시작한 지 얼마 되지 않았지만 패권국은 미국

세 패권의 성립 과정, 그에 따라 유지된 세계 질서 등을 비교하면, 육지, 바다, 하늘의 세 단계로 이루어진 세계의 변화를 분명하게 파악할 수 있다.

육지, 바다, 하늘과 각각의 패권국

《세계사 A》에서 3단계로 세계사를 파악하는 관점은 세계의 일체화와 패권을 연결시켜 육지, 바다, 하늘이라는 틀 아래에서 세계의 변

화를 정리한다. 복잡한 '입시 지식의 박물관(교과서적 지식)'에서 벗어나 세계사를 구조적으로 이해하는 매우 간단한 방법을 가르쳐준다.

문명의 탄생 이후 5,000년의 역사는 약 167세대의 '육지' 세계의 역사이며, '바다' 세계는 15세기 중반부터 약 4~5세대, '하늘' 세계는 윤곽이 잡히고 나서 1세대도 지나지 않았다.

세계의 일체화를 중시하는 역사서로는 미국의 역사학자 윌리엄 맥닐William Mcneill, 프랑스의 역사가 페르낭 브로델Fernand Braudel의 저서 등이 자주 읽힌다. 아시아와 서양의 접점에 위치한 일본에는 와쓰지 데쓰로和辻哲郎의《쇄국鎖國》,《인간과 풍토風土》, 이즈카 코지飯塚浩二의《동양사와 서양사의 사이東洋史と西洋史とのあいだ》와 같은 우수한 저서가 있다.

이 책은 세계사의 주요 무대인 '육지', '바다', '하늘'의 변화와 그 패권(질서의 형성·유지)을 주도한 세력인 몽골 제국, 대영제국, 미국을 다루며 세계사를 구조적으로 설명하고자 한다. 현재의 세계를 생각할 때 작은 도움이 된다면 기쁘겠다.

2019년 6월
미야자키 마사카쓰

역사에서 찾는
현재를 이해하는 힌트

역사는 반복된다는 말이 있다. 우리는 역사에서 현재와 닮은 상황을 만나게 되고, 역사가 알려주는 결과 속에서 현재를 살아가는 데 필요한 답을 얻을 수도 있다. 그래서 우리는 어렵게 생각하면서도 역사를 알아야 하고 공부해야 한다.

역사, 특히 통사通史는 시간 순서에 따라 인류의 기원부터 현재까지를 살펴보는 형식이 일반적이다. 최근에는 특정한 소재를 중심으로 역사를 설명하는 유형도 관심을 끌고 있다. 국내 독자들에게도 친숙한 저자인 미야자키 마사카쓰는 다양한 유형의 역사 서술을 보여주었는데, 이번에는 요즘 같은 세계화시대에 필요한 역사를 구조적으로 파악하는 관점을 선택했다. 이러한 관점에 따라 세계사에서 중심이 되었던 공간과 각 공간을 주요 무대로 삼았던 세력에 초점을 맞춰 역사를 설명하고자 한다.

역사를 설명하는 방법으로 익숙한 시간순이 아닌 장소와 영역에 중점을 두고 있다는 점이 이 책의 가장 큰 특징이다. 육지, 바다, 하늘이라는 공간을 중심으로 각각의 공간이 세계 역사에서 중요한 역할을 담당했던 과정을 보여주면서 세계사를 전체적으로 이해하는 데 도움을 주고자 한다. 공간 자체뿐 아니라 그 공간에서 만들어진 나라, 그 나라들의 흥망성쇠를 다루어 입체적으로 세계사를 파악할 수 있게 서술했다.

세계사의 중심이 육지에 있던 단계에서는 기존의 역사 서술에서 많이 접했던 동서양 여러 나라의 성립과 멸망, 세력 다툼을 다루었다. 역사의 중심이 육지에서 바다로 이동한 단계에서는 바다가 지구 전체를 하나로 연결하게 되는 과정과 그 과정에서 두각을 나타낸 세력에 초점을 맞췄다. 이 단계부터 전 세계가 하나의 커다란 세력권으로 통합되기 시작한다. 현재까지 이어지고 있는 하늘 단계에서는 물리적인 하늘뿐 아니라, 인터넷을 활용한 가상 세계까지 다루고 있어 흥미롭게 살펴볼 만하다.

하늘 단계에서는 현재 진행 중인 미국과 중국의 패권 다툼을 들여다보는 데 지면의 상당 부분을 할애하고 있다. 여기에서는 현재 양국의 힘겨루기에서 핵심적인 내용과 그 역사적 배경, 전망 등을 다룬다. 역사적으로 강대국 간의 세력 다툼과 그에 따른 국제 정치의 영향을 많이 받았던 우리가 주의 깊게 살펴봐야 할 내용이 이 부분에 많이 담겨 있다고 생각한다.

원나라 쿠빌라이 칸이 만들었던 일대일로를 현재 중국식으로 재현하고 싶어 하는 중국과 미국 제일주의를 중심으로 세계화시대의 글로벌 질서를 장악하고 싶어 하는 미국의 패권 경쟁은 앞으로 한

층 더 치열해질 것으로 예상된다. 정치, 경제, 외교 등 여러 분야에서 두 나라의 영향력에서 벗어나지 못한 우리가 역사를 통해 현재의 방향성을 찾고자 한다면 이 책은 많은 시사점을 던져줄 수 있을 것이다.

2020년 5월
박연정

참고문헌

• A · コーン, 星野芳久 譯,《都市形成の歷史》, 鹿島出版會, 1968.

• A · トインビー, 桑原武夫他 譯,《圖說 歷史の硏究》, 學硏, 1975(아널드 토인비, 강기철 옮김, 《역사의 연구(도설)》, 일지사, 1998, 절판).

• A · トインビー, 長穀川松治 譯,《爆發する都市》, 社會思想社, 1975.

• B · ルイス, 林武他 譯,《アラブの歷史》, みすず書房, 1967.

• E · J · ホブズボーム, 安川悅子他 譯,《市民革命と產業革命 二重革命の時代》, 岩波書店, 1968(에릭 홉스봄, 정도영 외 옮김, 《혁명의 시대》, 한길사, 1998).

• 陳高華, 佐竹靖彦 譯,《元の大都 マルコ · ポーロ時代の北京》, 中公新書, 1984.

• D · モーガン, 杉山正明他 譯,《モンゴル帝國の歷史》, 角川選書, 1993(데이비드 O. 모건, 권용철 옮김, 《몽골족의 역사》, 모노그래프, 2012).

• E · ウィリアムズ, 川北稔 譯,《コロンブスからカストロまで―カリブ海域史(I)(II) 1492-1969》, 岩波現代選書, 1978.

• F · カーティン, 田村愛理他 譯,《異文化間交易の世界史》, NTT出版, 2002(필립 D. 커틴, 김병순 옮김, 《경제인류학으로 본 세계무역의 역사》, 모티브북, 2007).

• F · ヒッティ, 岩永博 譯,《アラブの歷史 上 · 下》, 講談社學術文庫, 1983.

• 藤田弘夫,《都市と國家ー都市社會學を越えてー》,ミネルヴァ書房,1990.

• J・パーカー,淺香正 譯,《同時代史的圖解世界史》,帝國書院,1988.

• H・フランクフォート,曾田淑子,森岡妙子 譯,《古代オリエント文明の誕生》,岩波書店,1962.

• I・ウォーラーステイン,川北稔 譯,《近代世界システムー農業資本主義と「ヨーロッパ世界経済」の成立》,岩波書店,1981(이매뉴얼 월러스틴, 나종일 외 옮김, 《근대세계체제 1: 자본주의적 농업과 16세기 유럽 세계경제의 기원》, 까치, 2013).

• I・ウォーラーステイン,川北稔 譯,《近代世界システム 1600-1750》,名古屋大學出版會,1993(이매뉴얼 월러스틴, 유재건 외 옮김, 《근대세계체제 2: 중상주의와 유럽 세계경제의 공고화 1600-1750년》, 까치, 2013).

• 稲垣榮洋,《世界史を大きく動かした植物》,PHP研究所,2018(이나가키 히데히로, 서수지 옮김, 《세계사를 바꾼 13가지 식물》, 사람과나무사이, 2019).

• 岩村忍,《文明の經濟構造》,中公叢書,1978.

• 伊豫穀登士翁,《變貌する世界都市 都市と人のグローバリゼーション》,有斐閣,1993.

• ジャネット・L・アブー=ルゴド,佐藤次高他 譯,《ヨーロッパ覇権以前(上)・(下)》,岩波書店,2001(재닛 아부 루고드, 박흥식 옮김, 《유럽 패권 이전》, 까치, 2006).

• ジョルジュ=ルフラン,町田実他 譯,《商業の歴史》,白水社,1986.

• スコット・ギャロウェイ,渡會圭子 譯,《the four GAFA 四騎士が創り変えた世界》,東洋經濟新報社,2018(스콧 갤러웨이, 이경식 옮김, 《플랫폼 제국의 미래》, 비즈니스북스, 2018).

• 木内登英,《トランプ貿易戰爭 日本を搖るがす米中衝突》,日本經濟新聞出

版社, 2018.

- 慶應義塾大學地域硏究センター編,《地域硏究と第三世界》, 慶應通信, 1989.

- クリュチェフスキー, 八重樫喬任譯,《ロシア史講和1》, 恒文社, 1979.

- 小林高四郎,《東西交流史ーシルクロードを中心として》, 西田書店, 1975.

- 杉山正明,《モンゴル帝國と長いその後》, 講談社學術文庫, 2016.

- 松田武·秋田茂編,《ヘゲモニー國家と世界システム 20世紀をふりかえって》, 山川出版, 2002.

- 松田壽雄,《アジアの歷史ー東西交涉からみた前近代の世界像》, 岩波書店, 1992(마츠다 하사오, 임남수 옮김, 《아시아의 역사》, 영남대학교출판부, 2018).

- ミシェル·ボー, 筆寶康之, 勝俁誠 譯,《資本主義の世界史 1500-1995》, 藤原書店, 1996(미셸 보, 김윤자 옮김, 《미셸 보의 자본주의의 역사 1500~2010》, 뿌리와이파리, 2015).

- 三船惠美,《中國外交戰略 その根底にあるもの》, 講談社選書メチエ, 2016.

- NHK取材班編,《大モンゴル3 大いなる都 巨大國家の遺産》, 角川書店, 1992.

- 岡田英弘,《世界史の誕生》, ちくまライブラリー, 1992(오카다 히데히로, 이진복 옮김, 《세계사의 탄생》, 황금가지, 2002).

- 愛宕松男,《東洋史學論集 第4卷 元朝史》, 三一書房, 1988.

- 愛宕元,《中國の城郭都市 殷周から明淸まで》, 中公新書, 1991.

- 佐口透編,《モンゴル帝國と西洋》, 平凡社, 1970.

- 佐藤圭四郎,《イスラーム商業史の硏究 坿東西交涉史》, 同朋舍, 1981.

• 嶋田襄平編,《イスラム帝國の遺産》,平凡社, 1970.

• 杉山正明,《大モンゴルの世界一陸と海の巨大帝國》,角川選書, 1992.

• S・W・ミンツ, 川北稔他 譯,《甘さと權力一砂糖が語る近代史》,平凡社,
1988(시드니 민츠, 김문호 옮김, 《설탕과 권력》, 지호, 1998).

세상에서 가장 쉬운 패권 쟁탈의 세계사

육지, 바다, 하늘을 지배한 힘의 연대기

초판 1쇄 인쇄 2020년 5월 15일 초판 1쇄 발행 2020년 5월 25일

지은이 미야자키 마사카쓰 옮긴이 박연정
펴낸이 연준혁

편집 1본부 본부장 배민수
편집 4부서 부서장 김남철
편집 신민희
디자인 김태수

펴낸곳 (주)위즈덤하우스 출판등록 2000년 5월 23일 제13-1071호
주소 경기도 고양시 일산동구 정발산로 43-20 센트럴프라자 6층
전화 031)936-4000 팩스 031)903-3893 홈페이지 www.wisdomhouse.co.kr

값 15,000원
ISBN 979-11-90786-31-7 03900

• 이 도서의 국립중앙도서관 출판예정도서목록(CIP)은 서지정보유통지원시스템 홈페이지
  (http://seoji.nl.go.kr)와 국가자료종합목록시스템(http://www.nl.go.kr/kolisnet)에
  서 이용하실 수 있습니다. (CIP제어번호 : CIP2020015925)